2023

한국경제 대전망

2023 ECONOMIC ISSUES & TRENDS

2023 한국경제 대전망

+ ─────── + 류덕현·박규호 외 경제추격연구소 편저, 이근 감수 + ─────── +

이 근	류덕현	박규호	송홍선
조성재	지만수	김성재	김양희
김윤지	김준연	김학균	김형우
김희삼	서봉교	신동준	연원호
오 철	이용하	이현태	장종회
조영탁	최낙섭	최병권	최준용
하준경	황병진		

21세기북스

차례

1장 | 인플레이션 시대의 자산 시장

2장 | 미중 갈등 속 국내외 경제 전망

프롤로그 | 대분열 시대의 천하양분 天下兩分,
복합위기의 정점

지만수(한국금융연구원 선임연구위원)

2023년은 대분열과 천하양분 시대이자, 그 속에서 진행되는 복합위기의 정점을 가계와 기업이 냉철하게 판단하고 가늠할 수 있느냐와 복합적 전환을 이루어낼 정치와 정부의 리더십이 진정한 시험대에 오르는 해다.

| 천하양분, 진영과 정책의 이중분할

작년 《2022 한국경제 대전망》을 출간하면서 우리는 2022년의 세계가 합종연횡의 시대가 될 것이라고 전망했다. 실제로 아무도 예상하지 못한 러시아-우크라이나 전쟁이 더해지면서 미국, 중국, 러시아, EU, 인도 등이 복합적으로 얽히는 국가 간의 합종연횡의 과정이 진행되었다. 그 속에서 반도체와 배터리 등 핵심 산업과 전략적 기술을 둘러싼 산업과 기업의 합종연횡도 진행되었다. 그리고 그 결과가 2023년에는 일종의 '갈라진 세상', '천하양분'의 질서로 구체화될 전망이다. 그런데 그 분열은 단지 지정학적 진영화뿐 아니라 각국이 직면한 경제적 현실과 과제 측면에서도 나타날 것이다. 그런 의미에서 분열은 이중적이다.

우선 지정학적으로는 국가 간, 기업 간의 합종연횡을 거쳐 일종의 천하양분 구조가 분명해지고 있다. 미국과 중국은 반도체와 배터리 등 미래 핵심 산업을 중심으로 공급망을 분리하고 각자 다른 미래를 궁리하고 그것을 제도화하고 있다. 중국의 도전을 의식하는 유럽, 일본, 한국 등 선진국 그룹은 조금 더 확실하게 미국의 중국 견제망에 동참할 생각이다. 그렇지만 상당수의 개도국들은 온도 차를 보이며 중국 견제의 전선 바깥에 머물고 있다. 러시아의 우크라이나 침공에 대한 제재 국면에서도 선진국 그룹과 개도국 그룹은 온도 차를 보였다.

2008년 글로벌 금융위기와 G20 체제 구축을 통해 통합된 세계경제를 바탕으로 일치된 정책 대응을 보여준 주요 국가들은 미중 갈등과 코로나바이러스, 그리고 러시아-우크라이나 전쟁을 거치면서 다시 갈라지고 있다. 수십 년간 구축된 글로벌 가치사슬이 아직까지는 작동하고 있지만, 모두에게 자유로운 성장의 공간을 제공하는 만큼이나 다양한 지정학적 분쟁의 충격을 확대하는 통로이자 수단으로 작용하고 있다.

동시에 거시경제적 상황과 그에 대한 주요국의 대응도 세상을 갈라놓고 있다. 코로나바이러스 대응을 위해 풀린 막대한 유동성으로 인한 수요 측 요인과 지정학적 갈등이 초래한 글로벌 공급망의 부실화로 인한 공급충격이 2022년 초부터 매우 난폭한 인플레이션 시대를 열었다. 그렇지만 미국이나 EU, 그리고 한국 등이 인플레이션 대응을 위해서 경기침체를 감수하겠다는 강경한 태도를 표명한 반면, 다른 많은 나라들은 미국의 빠른 금리 인상 과정에서 발생하고 있는 고금리와 고환율의 영향을 더 걱정하고 있다. 일본과 중국을 비롯한 많은 나라들이 글로벌 인플레이션의 바깥에 있으며 인플레이션 억제만큼이나 성장과 고용유지를 신경 써야 하는 상황이다. 또한 많은 저개발국들은 식량과 에너지 등 생존의 위기를 걱정해야 하는 상황이다. 결국 2023년 내내 인플레이션을 둘러싸고 각국의 대응 방향이 서로 충돌하게 될 것이다.

이처럼 2023년을 앞둔 세계경제는 지정학적으로는 진영과 온도가 다르고 경제적으로는 각국의 당면과제가 서로 다른, 갈라진 천하로 변모하고 있다. 그런 의미에서 우리는 2023년의 세계경제 환경을 대분열과 천하양분이라는 단어로 요약한다.

| 냉정하게 복합위기의 정점을 판단해야

대분열과 천하양분의 세상에서는 가계, 기업, 정부의 의사결정이 더 이상 단일한 글로벌 트렌드를 좇을 수만은 없다. 큰 물결도 보아야 하지만, 나와 내 주변이 물결의 어느 쪽에 있느냐도 함께 보아야 한다. 앞에서 오는 물결뿐 아니라 뒤와 옆에서 삼각파도가 치는지도 살펴야 한다. 에너지, 지정학, 경제, 금융 등 여러 차원의 위기가 상호적으로 증폭하며 전개되는 다층적 '복합위기'에 대한 대응이 절실한 것이다.

당장 증시, 부동산, 환율, 가상자산의 방향을 읽는 것도 복합적이다. 2023년 자산 시장에 가장 영향을 주는 것은 금리와 환율이다. 하지만 지금의 고금리와 고환율 그리고 그 배후에 놓인 인플레이션이 언제까지 지속될 것이냐를 판단하기는 어렵다. 수요 측과 공급 측을 모두 보아야 하고 러시아-우크라이나 전쟁 같은 지정학적 상황까지 염두에 두어야 한다. 그 속에서 미국도 유럽도 러시아도 석유수출국기구OPEC도 각자 다른 계산기를 두드리고 있다.

다만 무엇이든 정점은 있기 마련이다. 물론 고물가, 고금리, 고환율이 가계부채나 외환건전성 등을 매개로 우리 경제를 더 큰 위험으로 몰고 가지 않도록 대응하는 것도 중요하다. 그렇지만 2023년 자산 시장과 기업경영에서는 누가 인플레이션, 금리, 환율의 정점을 냉정하고 정확하게 예측하느냐가 투자와 사업의 성패를 결정할 것이다. 주식과 부동산 가격 하락의 바닥이 어디인가도 마찬가지다.

| 정책 역량과 정치 역량의 시험대

경제정책은 '복합위기' 속에서 어려운 판단과 선택을 해야 한다. 당장은 미국이나 EU처럼 인플레이션 구조가 정착되는 것을 방지하는 데 중점을 두겠다는 기조하에서 금리의 지속적 인상과 유지를 시사하고 있다. 그렇지만 성장이 예상보다도 더 둔화되거나 국제수지와 환율이 급격히 불안해지거나 부동산 등 자산시장의 침체가 가계와 금융권에 부담이 되기 시작하면 이를 둘러싼 격렬한 논쟁과 저항이 나타날 것이다. 복합위기에 대한 복합적 대응이 정책적 혼란으로 해석되지 않게 하는 정책 역량이 어느 때보다 중요한 2023년이다.

특히 현 정부는 교육, 노동, 연금 등 한국경제의 중장기적 체질을 강화할 수 있는 구조개혁 과제를 우선순위에 두겠다고 선언한 바 있다. 2023년에는 그 구체적 내용을 제시하고 사회적 합의를 이루어내야 한다. 하나하나가 청년, 장년, 노년 세대의 미래에 중요한 이슈들이다. 인구감소와 고령화 시대를 맞아 구조적 대응이 반드시 시작되어야 하는 분야의 과제이지만 동시에 경제가 상대적으로 평온한 시기에도 달성하기 어려운 개혁과제다. 이 어려운 과제를 물가, 성장, 환율이 모두 불안한 시기에 밀고 가야 한다. 어려운 조건 속에서 근본적이고 개방적인 논의를 통해 사회의 공감대를 만들어 내는 것도, 이해관계자와 정치권을 설득하는 것도 정부와 정치의 역량에 달려 있다.

현재 한국의 정치와 사회가 가지고 있는 한계는 모두가 잘 알고 있다. 그걸 핑계 삼으면 정체와 정쟁이 악순환될 뿐이다. 그 한계를 넘어서는 능력과 책임 의식을 정부가 보여주어야 한다. 한 번에 많은 것을 이루려 하지 말고 작은 분야에서라도 설득과 타협의 성과를 내서 개혁의 분위기와 동력을 살리는 것이 중요하다.

| 미국 기업 없는 중국 시장, 중국 기업 없는 미국 시장

천하양분이란 우리 기업들 앞에 놓인 시장이 하나의 글로벌 시장이 아니라 미국과 중국으로 갈라진 두 개의 시장이 되고 있다는 얘기다. 특히 미국이 중국의 산업 성장과 영향력 확대를 집중적으로 견제하고 있는 반도체나 배터리 산업에서는 그 양상이 두드러진다. 최근에는 미국의 반도체 수출제한 확대나 인플레이션 감축 법안IRA 등을 통해 두 시장의 디커플링이 아예 제도적으로 고착되고 있다.

지금까지 한국에서는 이러한 디커플링 상황에서 한국 기업들이 미중 중 하나의 시장을 선택해야 하는 딜레마에 빠진 것이 아니냐는 관측이 지배적이었다. 그렇지만 지금까지 현실에서 나타난 상황은 반드시 그렇지는 않다. 심지어 갈등의 당사자인 미국과 중국 사이의 교역도 줄어들지 않고 있다. 테슬라의 상하이 공장 건설이나 애플의 중국산 메모리 사용 사례에서 보듯 핵심 분야에서 미국 기업과 중국 기업의 협력도 중단되지 않고 있다. 특히 한국은 반도체와 배터리를 포함하여, 철강, 조선, 석유화학, 자동차 등 많은 분야에서 세계적 규모와 경쟁력을 갖추고 있다. 한국은 미국의 공급망 안정화를 위해서나 중국의 쌍순환 전략을 위해서나 미중 양쪽 모두 놓치기 어려운 협력 파트너이다.

이러한 상황에서 지금의 상황을 바라보는 관점을 좀 더 대담하게 바꾸어 볼 필요가 있다. 미중 갈등과 천하양분의 시대에 우리 기업은 '미국 기업 없는 중국 시장, 중국 기업 없는 미국 시장'을 앞에 두고 있다고 볼 수도 있다. 세계 1, 2위(미/중)의 시장에서 세계 제조업 1, 2위(중/미) 국가가 서로 갈등하는 상황은 제3국 기업들에게 오히려 좋은 기회가 될 수 있다. 우리 기업들이 복잡한 지정학적 상황에 지레 위축되기보다, 정확한 지정학적 판단을 바탕으로 대담하고 용감하게 접근한다면 두 시장 모두에서 점유율을 확대하고 양국 기업과의 파트너십을 유리한 조건에서 확대할 수 있다. 용기 있는 기업에게는 난세야말로 또 다른 기회이다.

| 디지털을 중심으로 선도자의 생태계를 구축해야

2021년 10월 영국에서 기후변화협약 당사국총회COP26가 열릴 때까지만 해도, 그린green과 디지털이 미래산업의 화두가 될 것이라는 데 아무도 의문을 제기하지 않았다. 하지만 2022년 벽두에 벌어진 러시아의 우크라이나 침공 이후 석유와 가스 등 에너지 공급 자체가 불안에 빠지고 가격이 급등하자 석탄 사용 재개 논의가 나타나는 등 탄소배출 억제에 대한 기왕의 합의가 흔들리고 있다. 우리도 기존의 탄소배출 절감 시나리오를 재검토하고 있다. 전 세계의 일치된 협력이 무엇보다 중요한 것이 바로 탄소배출 억제다. 그렇지만 당장의 인플레이션 대응과 에너지 확보가 모든 나라에 중요해졌다. 진영과 정책이 갈라진 세계 속에서 최소한 단기적으로는 예전과 같은 일치된 합의와 추진 동력을 회복하기 어려울 수도 있다.

그렇지만 미래산업의 대세로서 디지털 전환이 갖는 중요성은 여전히 견고하다. 특히 디지털 산업은 개별 산업으로서뿐 아니라 산업과 시장 전반을 변화시키는 강력한 외부효과를 갖고 있다는 점에 주목해야 한다. 한국은 그 디지털 전환의 쌀이라고 할 수 있는 반도체에서 세계 시장을 선도하고 있다. 메모리 반도체를 주도하고 있을 뿐 아니라 주문형 반도체 생산(파운드리)이나 설계 쪽의 경쟁력도 키우고 있다. 스마트 공장이나 농장의 확대 등 기존 산업의 경쟁력을 강화하는 분야에서도 디지털 인프라가 중요한 역할을 하고 있다. 나아가 디지털 기반 위에서 만들어지는 IT 플랫폼 면에서도 한국은 독자적인 검색이나 소통 플랫폼을 보유하고 있는 세계에서 몇 안 되는 나라이다. 인터넷방송OTT이라는 새로운 디지털 플랫폼을 통해 문화산업의 한류가 가요를 넘어 글로벌 드라마 시장으로까지 확대되었다.

지난 수년간 국내에서는 빠른 추격자를 넘어 산업의 선도자가 되어야 한다는 담론이 우리 산업의 과제이자 미래의 비전으로 제시되어왔다. 그렇지만 알고 보면 우리는 반도체, 플랫폼, 콘텐츠 등 이미 많은 디지털 관련 산업에서 세계적 변화를 선도하고 있다. 이제는 그 성공의 경험을 평가하고 이를 다른 분야로 확산시키는 '선도자의 생태계'를 만드는 것이 기업전략과 정부 정책의 과제이다.

지금까지 이 책의 주제와 이슈들을 간단히 살펴보았다. 2023년을 맞는 가계, 기업, 정부가 준비할 것은 냉정과 용기다. 고물가, 고금리, 고환율의 정점은 반드시 온다. 주식이나 주택 가격의 바닥도 올 수 있다. 냉정하게 그 정점의 시점과 영향을 판단해야 그나마 팍팍한 가계를 살찌울 수 있다. 천하양분이라는 새로운 경영 환경에 움츠러들지 않고 대담하고 용기 있게 접근하는 기업에는 미국 기업이 떠나버린 중국 시장, 중국 기업이 못 들어가는 미국 시장이 펼쳐질 수 있다. 불안한 대내외 경제 여건 속에서도 정부는 이미 천명한 구조개혁 과제에 도전해야 한다. 작더라도 협상과 타협의 성과를 만들어내야 한다.

경제추격연구소에서 2017년 처음으로《한국경제 대전망》을 발간한 이후 벌써 일곱 번째 책을 내게 되었다. 독자들의 응원 덕분이다. 이번에도 각 분야의 전문가 26명의 글을 모았다. 개별 필자들의 전문성과 개성을 발휘하면서도 하나의 전망서가 될 수 있도록 편집위원들은 최선을 다했다. 그렇지만 개별 필자들의 이론적, 정치적 스펙트럼이 다양하기에 글에 대한 판단은 독자의 몫이다. 모든 글은 해당 필자의 판단과 책임 아래 출판되는 것이며 이를 지원한 경제추격연구소의 공식 입장은 아니라는 점을 밝힌다.

미중 분쟁, 코로나바이러스, 러시아-우크라이나 전쟁 등을 겪으며 국제통화기금IMF 등 국제기구나 권위 있는 연구기관의 경제전망조차 1년 뒤를 제대로 예측하지 못하기 시작한 지 이미 몇 년이 흘렀다.《2023 한국경제 대전망》도 피하지 못할 운명이다. 다만 분야별 전문가들이 흘린 땀이 생활과 경제의 현장에서 뛰고 있는 기업과 기업인, 가장과 가구가 2023년을 헤쳐나가는 데 작은 도움이라도 되기를 바란다. 7년 동안 굳건하게《한국경제 대전망》도서의 출판을 맡아주신 21세기북스의 김영곤 사장님 이하 장지윤, 강문형 씨께 감사드린다.

2022년
필자들을 대표하여
편집위원 일동

1장
인플레이션 시대의
자산 시장

여전히 험난한
2023년 자산 시장

송홍선(자본시장연구원 선임연구위원)

팬데믹에 따른 글로벌 초유동성에 힘입어 2020~21년 자산 시장은 두 해 연속 대세 상승했다. 그로부터 1년, 글로벌 자산 시장은 1980년대 수준의 초고속 금리인상 스트레스로 금융위기 수준의 자산가치 손실을 경험하고 있다. 1년 전 《2022 한국경제 대전망》에서 3년 연속 랠리 가능성의 최대 변수로 꼽은 유동성 회수 속도가 예상을 훨씬 뛰어넘어 급격하고 전격적이었기 때문이다. 주식은 멀티플multiple 급락으로 공식적인 약세장에 빠졌고, 채권은 2008년 이래 최대 수익률 하락을 경험하고 있다. 주식과 동조화된 가상자산은 4년 주기의 겨울을 다시 맞고 있으며, 부동산 역시 이자부담 급증으로 거래는 실종되고 호가는 급락하고 있다.

자산 시장 전반을 짓누르고 있는 금리 사이클로만 본다면 2023년 자산 시장은 2022년 같은 높은 변동성을 재연할 것 같지는 않다. 시점의 불확실성은 있지만 2023년 중으로 기준금리의 피크아웃과 그에 따른 고금리 스트레스의 완화로 자산 시장은 어느 정도 냉정을 되찾을 것으로 보인다. 그렇다고 시장 전반의 추세 전환을 전망하기에는 불확실성이 여전히 높다. 전체적으로는 인플레이션이 지정학적인 에너지 위기에서 주로 기인함에 따라 기준금리 인상의 인플레이션 완화 효과는 미미한 반면, 1980년대 수준의 강달러를 야기하며 글로벌 경제와 정책의 불균형을 키우고 있다. 장단기 금리역전*에도 불구하고 인플레이션 외의 경제 지표가 상대적으로 건실한 미국의 상황과, 에너지 위기와 환율(강달러) 경로를 통해 전가되는 인플레이션으로 인해 진짜 스태그플레이션을 걱정하는 유럽의 상황이 글로벌 경제에 어떤 경제적 갈등과 자본이동 불균형, 그리고 위기적 상황을 만들어 낼지 누구도 장담할 수 없다.

강달러를 플라자 합의로 되돌린 1980년대 수준은 아니더

* 10년물 국채 금리가 2년물 금리보다 낮아지는 현상으로 실제로 금리역전이 발생한 후에는 주식 시장이 폭락세를 보이거나 경기침체를 맞는 경우가 많았다.

라도, 적절한 시점에서 글로벌 정책공조가 작동하지 않는다면, 2023년 자산 시장은 비록 고금리 스트레스가 완화되더라도 여전히 고금리인 현실과 글로벌 성장 둔화 및 불균형의 부정적 효과를 피해 갈 수는 없을 것이다. 특히, 글로벌 경기순환에 민감한 주식 시장은 경기침체와 시장 불균형을 글로벌 자산배분에 반영할 필요가 있을 것이다. 다만, 주가의 실물경제에 대한 선행성은 주식시장 전망에 변수가 될 수 있다. 이런 점에서 1980년대 글로벌 주식 시장 경험은 2023년을 전망하는 데 긍정적이다. 지금과 유사한 경제환경의 1980년대 초 선진국은 인플레이션과 기준금리 피크아웃 국면에서 주식 시장은 상승했다. 강달러의 미국 주식은 상승 추세로 전환했고, 영국과 독일 등 다른 선진국도 횡보 후 상승했다. 지금과 차이가 있다면 지금 미국 주식은 여전히 역사적으로 고평가돼 있다는 점이다. 여전히 높은 금리로 인해 여전히 고평가된 미국 주식의 거품 붕괴가 좀 더 이어질지, 아니면 과거보다 강해진 미국 주식에 대한 글로벌 수요 기반이 역사적 고평가 논란을 잠재울지는 결국 미국 기준금리 피크아웃 시점과 글로벌 3고(고물가, 고금리, 강달러)의 방향성에 달려있을 것이다. 한국 주식 시장도 그 방향성에 영향을 받을 것이다.

채권 시장은 2022년보다 우호적인 환경을 전망한다. 기준금리 피크아웃은 채권 시장이 적어도 손실구간을 벗어남을 의미하는 것으로, 경기침체 논쟁 자체가 시장에 긍정적으로 작용할 것이며, 하반기로 갈수록 금리 인하 선회Fed pivot에 대한 기대 역시 채권 시장에는 긍정적인 요인이다. 한편 높아진 절대금리 수준은 투자자들의 투자 패턴에도 영향을 미칠 것으로 보인다. 장기예금이 없는 예금 시장과 달리 고금리 혜택을 장기간 누릴 수 있는 장기채권의 장점이 부각되며, 장기채권의 만기보유 전략은 안전자산을 선호하는 일반 국민들에게 예금의 대체제 역할로 인식되며 채권 투자의 새로운 길을 열어 줄 것으로 전망된다. 2023년 채권 시장은 고금리를 주는 안전자산 성격과 금리 피크아웃 이후의 자본 이득을 기대할 수 있는 위험자산 성격이 동시에 부각되는 한 해가 될 것이다.

부동산 시장은 현재 다른 어떤 요인보다 금리 인상이라는 하나의 악재에 급속하게 냉각되고 있다. 부동산 시장은 그 자체가 레버리지에 기반한 시장이기 때문에 금융비용을 부담할 능력이 곧 수요기반이 된다. 2023년 부동산 시장 역시 금리가 피크아웃을 할 것이라는 방향성 보다는 여전히 고금리라는 인식이 시장을 지배할 가능성이 높아보인다. 거래 빈곤과 침체가 지속될 수 있다는 의미이다. 다만, 부동산 정책 기조가 세부담 완화와 규제완화 등 중장기 기대수익률을 높이는 방향으로 빠르게 전환하고 있고, 예상보다 작은 미분양주택, 대규모 주택공급 확대 정책의 건설 시차 등으로 공급부족 우려가 여전하다는 점에서 침체의 폭은 제한될 것으로 전망된다.

가상자산 시장은 팬데믹 기간 동안 주식 시장과 매우 비슷한 흐름으로 진행되어 왔다. 초유동성과 초저금리에 높은 가치상승을 기록 하다, 급격한 금리인상에 다시 가상자산의 겨울을 맞고 있다. 가상자산 가격 변동성이 큰 위험자산인 것은 분명하지만, 그렇다고 주식 시장과 동조화되어야 할 근거는 없다. 주식과의 동조화는 가상자산의 무한한 기술적 가능성이 제대로 평가받지 못하고 있다는 반증이다. 2023년 가상자산 시장은 메타버스의 가능성을 어느 정도 보여주느냐에 따라 주식과 별개의 독자적인 가치평가의 영역을 개척할지, 아니면 주식 시장에 여전히 종속된 가치평가를 받을지 결정될 것이다.

01 40년 만에 찾아온 인플레이션

: 그 원인과 대응 그리고 전망

김성재(미국 가드너웹대학교 경영학 교수)

| 대인플레이션 시대의 단초를 연 백악관과 연준

2022년 전 세계는 수십 년간 잊혀져 있던 고전적 위협인 인플레이션과 다시 만났다. 2000년 이후 소비자물가지수는 연평균 2% 안팎의 상승률에 그쳤지만, 최근 미국 물가가 9% 안팎으로 오르면서 생활 전반에 걸쳐 큰 충격이 가해졌다. 식료품 가격은 10% 넘게 오르고 휘발유 가격은 50% 가까이 급등했다. 물가가 오르면 가계의 실질구매력이 감소해 인플레이션은 보이지 않는 세금의 역할을 한다. 그러자 40년 만에 찾아온 대인플레이션의 원인을 둘러싸고 열띤 책임 공방이 벌어지고 있다. 인플레이션은 어디에서 기인했을까? 우리는 물가를 쉽게 잡을 수 있을까?

만약 코로나바이러스가 없었다면 인플레이션은 여전히 우리 기억의 저편에서 잠자고 있을 것이다. 그렇다면 팬데믹의 그 무엇이 인플레이션을 판도라의 상자에서 끄집어냈을까? 인플레이션의 원인을 고찰하려면 물가가 어떻게 결정되는가를 살펴봐야 한다. 가격은 두 가지 힘에 의해 변동한다. 바로 수요와 공급이다. 수요가 늘어나면 물가는 상승한다. 또한, 공급이 부족해도 물가가 오른다. 그래서 수요의 증가와 공급의 부족이 물가를 밀어 올리는 요인이 된다.

지난 팬데믹 기간에 수요의 증가와 공급의 부족은 경제 전반에 걸쳐 극적으로 전개되었다. 우선, 2020년 봄 코로나바이러스의 확산을 막기 위해 단행된 경제봉쇄로 글로벌 생산량이 급감했다. 이로부터 1차적 공급 충격이 발생했다. 각국은 여름이 다가오자 경제봉쇄를 해제해 나갔으나 공급 부족 현상은 악화되기만 했다. 글로벌 공급망이 제대로 가동되지 않았기 때문이다. 생산에 필요한 원자재가 여러 나라에서 공급되는 상태에도 단 몇 나라의 경제봉쇄 조치만으로 생산은 타격을 받았다. 생산을 한다 해도 운송이 문제였다. 항만 노동자들이 복귀하지 않으면서 제품 하역이 지연되었다. 이처럼 글로벌 공급망의 붕괴가 또 하나의 물가 불안 요인이 되었다.

그런데 공급 부족 사태만으로는 인플레이션이 장기간의 문제가 되지 않는다. 어떻게든 공급망이 회복되면 물가는 다시 하락할 것이기 때문이다. 실제 이런 현상이 1940년대 후반 미국에서 일어났다. 연준도 당초 이런 시각으로 인플레이션을 바라보았다. 2021년 여름 소비자물가 상승률은 오르고 있었지만 3개월 연속 안정되는 현상을 보였다. 이에 제롬 파월 연준 의장은 인플레이션은 일시적일 것이라 진단했다. 그러나 그의 진단이 심각한 오진이었음이 드러나는 데에는 오랜 시간이 걸리지 않았다. 그해 12월 소비자물가 상승률은 7%를 넘어섰다. 40년 만에 가장 높은 인플레이션 수치였다. 물가가 이렇게 급등한 것은 공급 측 요인에 수요 측 요인이 가세했기 때문이다. 그렇다면 무엇이 수요를 크게 끌어올렸을까? 여기에는 세 가지 요인이 작용했다. 바로 정부 재정의 급격한 팽창과 연준의 양적완화QE* 그리고 부의 효과였다.

우선, 2020년 초 팬데믹의 확산으로 경제가 깊은 침체에 빠져 분기 실질GDP가 30% 역성장하자 미국 정부는 전례 없이 강력한 경기부양책을 쏟아냈다. 트럼프-바이든 두 정부는 경기부양에 총 6.5조 달러의 재정을 쏟아부으면서 가계에 무상으로 1인당 총 3,200달러에 달하는 돈을 지급했다. 가계에는 현금이 넘쳐났다. 쇼핑몰은 전례 없는 호황을 누렸고 수요의 폭발적 증가로 인플레이션 압력은 한층 높아졌다.

---

*   금리 인하를 통한 경기부양의 효과가 한계에 달했을 때 중앙은행이 국채 매입 등을 통해 경제에 유동성을 공급하는 정책.

둘째, 연준도 통화정책을 동원했다. 팬데믹 이전 1.75% 선에 머물던 기준금리를 2020년 3월 0% 부근으로 인하했다. 그에 더해 양적완화를 시행해 1,200억 달러에 달하는 국채를 매월 시장에서 매입했다. 이러한 공격적 양적완화는 2022년 3월까지 지속됐다. 그 과정에서 연준이 민간에 푼 돈의 양은 5조 달러가 넘었다.

셋째, 정부가 가계에 꽂아준 돈과 연준이 양적완화를 통해 투입한 막대한 유동성은 거침없이 자산 시장으로 몰려들었다. 나스닥 주가 지수는 팬데믹 이전 고점 대비 60% 넘게 올랐다. 비트코인 가격은 6만 달러를 넘어섰고 주택 평균가격도 33% 넘게 상승했다. 자산 시장이 거의 전 부문에 걸쳐 사상 최고치 수준으로 치솟으면서 가격 거품이 형성되었고 가계의 부도 따라서 늘어났다. 가계는 늘어난 부에 고무되어 소비를 늘렸다. 이러한 부의 효과가 물가에는 상승 압박으로 작용했다.

이처럼 악화일로를 걷던 인플레이션은 2022년 2월에 발생한 러시아의 우크라이나 침공으로 새로운 국면을 맞았다. 세계 3대 산유국인 러시아가 서방이 주도한 경제 제재를 맞닥뜨리면서 에너지 가격이 급등했다. 세계 주요 곡물 생산국인 두 나라가 서로에게 총부리를 겨누면서 국제 곡물 가격도 천정부지도 뛰었고 다른 원자재 가격도 덩달아 뛰었다.

| 인플레이션에 대한 대응

인플레이션은 미국만 직면한 문제가 아니었다. 유로존의 인플레이션율은 9%에 달했다. 경제 펀더멘털이 보다 취약한 남유럽 스페인의 인플레이션은 11%에 육박했다. 영국도 인플레이션율이 10%를 넘었으며, 우리나라 역시 6%가 넘는 소비자물가 상승을 겪었다. 그러자 각국 정부에 비상이 걸렸다. 바이든 행정부는 인플레이션 해결이 국정의 최우선 과제임을 천명했다. 항만과 부두의 풀가동을 독려하고 전략비축유를 방출하는 한편, '인플레이션 감축법'을 통과시키기까지 했다. 그런데 인플레이션 감축법은 석유나 석탄과 같은 화석연료 산업에 대하여 증세하는 내용을 담고 있어 유가가 우선 안정돼야 물가가 잡힐 것이라는 입장에서 보면 이율배반적이다.

또한, 러시아-우크라이나 전쟁 이후 서방 진영과 러시아를 비롯한 권위주의 국가 간 지정학적 긴장이 더욱 고조되고 탈세계화가 가속화하면서 글로벌 공급망의 회복은 더디기만 하다. 거기다 공급망 붕괴의 근본 원인인 코로나바이러스도 변종의 지속적 출현으로 완전 종식에 이르지 못하고 있다. 이로 인해 제로 코로나 정책을 고수하는 중국의 공급망이 특히 큰 타격을 받고 있다. 이러한 지정학적, 생물학적 위기 요인이 실타래처럼 엮어 어느 한 국가의 리더십만으로 단기간에 해결에 이르기는 어려운 상황이다. 따라서, 물가를 잡기 위해 무언가 해야 한다고 말은 하지만 공급 측 요인을 해결하기 위해 각국 정부가 할 수 있는 일은 크게 제약되어 있다.

결국 물가안정이 본연의 임무인 연준이 나서서 인플레이션을 초래한 원인 중 하나인 수요 죽이기에 집중할 수밖에 없었다. 작년까지 인플레이션 문제의 해결을 차일피일 미루면서 의도적으로 회피했던 연준도 금년 초부터는 정책의 방향을 180도 선회했다. 통화 정책의 방향을 긴축으로 전환해 자이언트 스텝으로 금리를 인상하는 한편, 양적긴축QT을 시행해 보유채권 규모의 감축에 나섰다. 이로 인해 기준금리는 긴축 정책으로 선회한 지 수개월이 지나지 않아 팬데믹 이전 고점이던 2.50% 수준을 회복했다. 인플레이션이 가시적으로 안정되지 않는 한 연준은 금년 하반기에 이어 내년에도 금리 인상 기조를 지속할 것이다. 다른 나라 중앙은행도 긴축 행렬에 동참했다. 영국의 영란은행은 0.1%에 머물던 기준금리를 작년 12월 연준보다 이른 시기에 0.25% 인상한 데 이어 최근에도 긴축 기조를 지속하고 있다. 오랜 기간 양적완화를 통해 기준금리를 0% 이하로 유지하던 유럽중앙은행ECB도 지난 7월 빅스텝을 통해 금리를 0.5% 인상했다. 에너지 가격과 달러 강세로 유로존 물가 불안이 더 심각해지고 있어 ECB는 곧 자이언트 스텝의 금리 인상도 적극적으로 고려하고 있다. 한국은행은 0.5%이던 기준금리를 2021년 8월 선제적으로 0.25% 올린 데 이어 최근에는 빅스텝으로 금리 인상에 나섰고 긴축 모드를 유지하고 있다.

| 인플레이션 전망

그런데 2022년 여름 미국 소비자물가가 예상을 깨고 크게 둔화했다. 6월 9.1%로 급등한 뒤 7월에는 8.5%로 떨어졌다. 그 배경에는 유가와 원자재 가격의 안정이 있었다. 국제유가는 6월에 배럴당 120달러에 육박했지만 8월 중순에는 90달러 안팎으로 하락했다. 국제 상품 시장에서 원자재의 가격도 급격한 안정세로 돌아섰다. 이렇게 물가 상승세가 둔화하는 조짐을 보이자 인플레이션이 정점을 찍은 것 아닌가 하는 기대가 시장을 장악했다. 이런 기대감에 편승해 주가도 가파른 회복세를 보였다. 그렇다면 과연 인플레이션은 단기에 수그러들 수 있을까? 대답은 유동적이다. 연준의 횡보와 러시아-우크라이나 전쟁의 향방에 따라 달라질 것이기 때문이다.

그렇다면 연준의 속마음을 들여다볼 필요가 있다. 주식 시장은 7월 연방공개시장 위원회FOMC 회의 후 기자회견에서 '필요하다면 언젠가는 금리를 내려야 할 수도 있다', '미국경제는 침체 상태에 있다고 생각하지 않는다'는 파월 의장의 비둘기파성 발언에 열광했다. 그런데 2022년 8월 잭슨홀 심포지엄에 선 파월은 초강경 매파hawkish*의 모습으로 변모했다. 짧은 메시지를 통해 인플레이션이 완전히 종식될 때까지 금리 인상을 지속할

---

*　미국 내 보수강경파를 지칭한다. 통화정책에서 의미하는 매파란, 인플레이션을 우려해 긴축적으로 통화정책을 운용하는 입장을 말한다.

것이라 천명했다. 대체 파월의 속내는 무엇일까? 파월 대변신의 배경에는 주식 시장의 급등이 자리하고 있다. 시장의 급등은 연준이 반길 일이 아니다. 부의 효과를 동반해 물가 상승을 부채질하기 때문이다. 파월은 자산 시장에 찬물을 끼얹기 위해 의도적으로 초강력 메시지를 내놨다. 연준이 이 같은 매파 행보를 지속한다면 미국경제는 곧 침체에 빠지고 수요 측 요인에 의한 물가 상승 압박은 상당히 약화될 것이라 볼 수 있다.

그런데 물가 안정을 위한 경기침체의 초래를 백악관은 바랄까? 선거에서 승리해야 하는 바이든에게 있어서 경기침체만큼 불리한 것은 없다. 이런 바이든의 본심이 드러난 것이 최근의 학자금 대출 탕감 발표다. 이를 위해서는 몇 백 조 원에 달하는 추가 재정이 투입돼야 하기 때문이다. 이런 일은 1970년대에도 발생했다. 연준은 뒤늦게 금리를 올렸지만 백악관이 끊임없이 견제를 했고 재정적자를 늘렸다. 결국 인플레이션이 고착화했고 볼커 전 연준 의장이 금리를 20% 위로 올리고서야 물가가 잡혔다.

최근 물가 상승의 둔화가 거의 전적으로 유가 하락에 의존했다는 사실도 인플레이션의 동향에 대해 긍정적 입장을 취하기 어려운 이유다. 유가 하락의 중요한 이유 중 하나가 바이든의 전략비축유 방출에 있었기 때문이다. 그런데 전략비축유 방출에는 한계가 있을 수밖에 없다. 설상가상으로 최근 유가가 하락하자 사우디를 중심으로 한 OPEC 국가들이 감산 조치에 나설 조짐까지 보이고 있다. 또한, 러시아도 전쟁을 조기에 끝내 유가 하락에 일조할 생각이 없어 보인다. 결국 유가는 다시 반등할 가능성이 크다. 무엇보다 러시아의 가스 수출 감축으로 위기를 겪고 있는 유로존에서의 에너지 위기가 폭발할 겨울이 문제다.

유가 외에도 인플레이션의 중요한 한 축인 식료품 가격에 대한 상승 압박도 약해질 기미가 없다. 가뭄과 전쟁으로 전 세계 곡물 생산이 큰 위협에 놓여 있기 때문이다. 거기에다 시간이 갈수록 강해지고 있는 임대료와 임금 상승세가 인플레이션을 고착화시킬 가능성이 크다. 결국 인플레이션을 조기에 종식시키려면 볼커급 금리 인상 충격과 극심한 경기침체를 겪어야 하지만, 백악관의 견제와 연준 내 비둘기파의 반발로 극단적 긴축이 장기간 지속되기는 쉽지 않을 것이다. 그보다는 연준의 긴축으로 경기가 침체에 빠지고 금리 인상을 중지하면서 물가도 눈에 띄게 빠지지 않는 스태그플레이션이 전개될 가능성이 더 크다. 미국이 스태그플레이션을 겪으면 그 여파가 다른 나라에도 비슷한 경로로 전파될 것이다.

02 | 주식, 고금리 스트레스

김학균 (신영증권 리서치센터장)

2022년 주식 시장은 큰 폭의 조정세를 나타냈다. 코스피와 미국 S&P500 지수는 각각 24.8%와 22.4%의 연간 하락률(2022년 10월 19일 기준)을 기록하고 있다. 리먼브러더스가 파산했던 2008년 이후 가장 강한 강도의 조정세가 이어지고 있다. 2023년에는 반전이 가능할까? 역사적으로 보면 주가 지수가 2년 연속 하락하는 것은 매우 드문 현상이다. IMF 외환위기 이후 코스피가 2년 연속 하락한 경우는 한 번도 없었다. 미국 증시도 2차 세계대전 이후 80여 년 동안 S&P500 지수가 2년 이상 연속 하락한 사례는 1차 오일쇼크(1973~74년), IT 버블 붕괴(2000~02년) 등 단 두 차례에 불과했다. 역사적으로 주가 지수는 강한 복원력을 보여줬지만, 2023년에는 드물게 나타났던 2년 연속 조정을 경험하게 될 가능성이 높다. 추가적인 가격 조정이 될지, 지루한 횡보의 기간 조정이 될지 예단하기는 어렵지만 추세적인 반등은 힘들 것이다. 무엇보다도 높아진 금리가 주식 시장에 부담을 줄 것으로 보인다. 밸류에이션 부담이 크지 않은 한국보다는 미국의 증시의 조정과 이에 따른 부정적 전염 효과가 잠재적 리스크이다.

︳성장보다 금리 의존도가 높아진 주식 시장, 높아진 금리는 독毒

주가는 성장과 금리의 함수이다. 궁극적으로는 주가는 기업이 벌어들일 미래의 현금 흐름을 적절한 할인율로 현재가치화한 값이다. 미래의 현금 흐름이 성장이고, 할인율은 금리에 다름아니다. 성장률이 높을수록, 금리가 낮을수록 주가가 상승한다.

2022년에야 주식 시장이 크게 조정을 받았지만, 2021년까지만 해도 글로벌 증시 전반이 사상 유례없는 강세장을 구가했다. 코스피가 처음으로 3,000포인트대 고지에 올라섰고, 미국 S&P500 지수는 역사상 최장 기간(154개월)의 강세장을 경험했다.

미국의 경우 주가가 오르는 강세 국면에서도 성장은 부진했다. 장기 강세장이 진행됐던 2010~21년 S&P500 지수는 연평균 12.9% 상승했지만, 기업 이익은 5.2% 늘어나는 데 그쳤다. 같은 기간 동안의 명목GDP 증가율은 연율 4.1%였다. 주가 지수 상승률은 역대 최고치였고, 명목GDP 증가율은 2차 세계대전 이후 최저 수준이었으며, 기업 이익 증가율은 장기 평균을 밑돌았다. 실물 대비 주가의 상승률이 훨씬 컸던 셈인데, 이는 오직 저금리에 의해 가능했다.

한국의 상황은 조금 다르다. 2010~21년의 연평균 GDP 증가율은 3.0%로 1960년대 경제 개발이 본격화된 이후 가장 낮은 수준이었지만, 코스피도 연율 4.8% 상승하는 데 그쳤다. 같은 기간 동안 상장사 영업 이익이 연평균 6.0% 증가했기 때문에 한국은 실물과 주가의 괴리가 크지 않았다. 다만 팬데믹 직후 사상 초유의 저금리 상황에서 나타났던 동학개미 투자 붐에 힘입어 코스피가 장기 박스권을 뚫고 3,000포인트대에 올라설 수 있었다는 점에서 한국 증시도 저금리의 수혜를 받았다고 볼 수 있다. 물론 저금리 기조는 글로벌 금융위기 이후인 2010년대 내내 지속됐던 현상이지만, 팬데믹 직후에 형성됐던 극단적 저금리 환경이 장기 박스권에서 벗어나지 못했던 코스피를 일거에 끌어올린 모르핀의 역할을 했다는 점을 부인하기는 힘들다.

2022년 글로벌 증시 전반의 조정도 인플레이션과 금리 급등이 트리거가 되면서 현실화됐다. 2023년에도 금리는 고공권에서 움직일 가능성이 높다. 기저 효과로 물가 상승률이 둔화될 가능성이 높고, 논란이 많은 중앙은행의 긴축 강도도 2022년보다는 약해질 것이다. 그렇지만 최근 경험하고 있는 인플레이션은 지정학적 갈등과 글로벌 가치사슬GVC* 재편이라는 통제하기 힘든 요인에 의해 촉발되고 있어 물가 상승률 자체가 극적으로 하락할 가능성은 높지 않다. 물가의 급락은 예상보다 골이 깊은 경기 침체, 연준의 긴축 이후 나타나곤 했던 심각한 신용 위기가 현실화됐을 때에나 가능할 것이다.

물가 상승률이 둔화되더라도 절대 레벨이 높은 수준에서 움직인다면 금리 역시 빠르게 하락하기는 어려울 것이다. 2011년의 인플레이션과 신용 위기 직후 연준은 3차 양적완화를 실시했고, 2018년의 인플레이션과 경기후퇴 직후에는 보험용 금리 인하를 통해 주식 시장에 돌파구를 제공해줬다. 2023년에는 기대하기 힘든 시나리오이다.

| 고금리는 주주 환원 정책에도 타격을 줘

저금리 기조의 종식은 미국 증시를 중심으로 강화됐던 주주 환원에도 타격을 줄 것이다. 최근 수년 간 미국 자본주의는 매우 이례적인 모습을 보여줬다. 자본은 끊임없이 규모를 키우는 증

---

* 　하나의 상품이나 서비스가 여러 나라를 거쳐 다양한 생산 단계를 통해 최종 소비자에게 전달되고 소비되는 활동의 총체를 뜻함.

식의 욕구가 있을 텐데, 미국의 초일류 기업들은 오히려 자본을 파괴해 왔다. '자본 없는 자본주의'가 그것이다.

글로벌 시가총액 1위인 애플은 타의 추종을 불허하는 초일류 기업이다. 2021 회계연도에 애플의 당기순이익은 946억 달러에 달했는데, 이는 삼성전자의 당기순이익 348억 달러(원/달러 환율 1,144원으로 환산)의 2.7배에 달하는 규모이다. 그런데 애플의 자기 자본은 계속 감소하고 있다. 기업의 당기순이익에서 배당·자사주 매입 등 주주 환원을 위해 쓴 금액을 차감하면 기업에 쌓이는 유보액이 된다. 유보는 자기 자본의 증가 요인이다. 대부분의 기업들은 이익을 유보하면서 자기 자본을 증가시키는데 애플의 자기 자본은 2016 회계연도 말의 1,282억 달러에서 2021 회계연도 말에는 630억 달러까지 줄어들었다. 통상 자기 자본의 감소는 적자 기업에서 나타나는데, 같은 기간 동안 애플이 벌어들인 당기순이익은 3,661억 달러에 달했다. 당기순이익보다 더 많은 금액을 주주들에게 환원했기 때문에 자기 자본이 감소한 것이다. 2016~21 회계연도에 애플은 현금배당에 691억 달러, 자사주 매입에 3,269억 달러를 썼다.

극단적인 주주 환원이고, 한편으로는 자본의 효율성을 높이는 방책이기도 하다. 자본의 규모가 커질수록 신규 투입 대비 산출의 효율은 떨어진다. 이를 주류 경제학에서는 한계효율체감이라고 부르고, 마르크스 경제학에서는 이윤율의 경향적 저하라고 칭했다. 자본을 줄이는 자본주의에서는 이런 법칙이 작동하지 않는다. 대규모 투자가 필요 없고, 예비적 동기에 의한 자본 유보가 필요 없을 정도로 효율적인 비즈니스 프로세스가 작동하는 기업들만이 자본을 줄일 수 있다.

자본의 파괴는 애플에서만 나타나는 현상이 아니다. 스타벅스와 도미노피자 등 미국을 대표하는 S&P500 지수 편입 종목들 중 19개가 아예 전액 자본잠식이다. 유보액을 모두 주주 환원으로 돌렸을 뿐만 아니라, 부채까지 지면서 배당과 자사주 매입을 했기 때문에 전액 자본잠식이라는 부실기업에서나 볼 수 있는 재무적 현상이 나타난 것이다.

주주 이익에 편향된 자본주의라는 비판이 나올 수밖에 없다. 주주 환원은 그 자체가 즉각적으로 주주가 얻는 편익이고, 자기 자본의 축소도 장기적인 자본 효율성을 높여 역시 주주의 이익에 복무하게 된다. 2022년 8월 바이든 행정부에서 자사주 매입에 1%의 과세를 하는 법안을 만든 것도 과한 주주 이익 편향에 대한 반작용이라고 볼 수 있다.

자사주 매입에 대한 과세가 아니더라도 금리 상승은 과도한 자사주 매입을 억제하는 기제로 작용할 것이다. 얼마 전까지의 초저금리 상황에서는 저금리로 차입해 자사주를 사들여 소각하는 것이 가능했다. 배당을 지급해야 하는 부담보다 차입에 따른 이자 비용 부담이 더 적으니 차입 후 자사주 매입·소각이 합리적인 재무 활동이었던 셈이다. 금리가 높아지면 극단적인 자사주 매입 등은 자연스럽게 억제될 것이다. 비정상의 정상화로 해석할 수도 있지만, 장기적으로 주가를 끌어올렸던 동력이 희석된다는 점에서 주식 시장에는 악재이다.

한국 증시에서도 최근 상장사들의 배당 성향이 높아지고 있다는 점은 주주가치 제고라는 점에서 긍정적이다. 그렇지만 자사주 매입 규모가 미국에 비하지 못할 정도로 적고, 물적 분할 시 기존 소액주주들의 권익이 침해되는 이슈가 여전히 지속되고 있어 과도한 주주친화적 정책이 시행되고 있다고 보기는 어렵다. 미국이 '주주자본주의 과잉'의 사례로 비판받을 소지가 크다면, 한국은 오히려 '주주자본주의 결핍'으로 투자자들이 고통받고 있다고 보는 것이 타당할 것이다.

| 한국 증시 거품은 빠진 것으로 보이나 미국발 전염 효과 우려

한국 증시에 내재된 거품은 거의 없는 것으로 보인다. 코스피 2,400포인트에서의 12개월 예상 PER(주가수익비율)은 9.8배, PBR(주가순자산비율)은 0.9배에 불과하다. 실적 추정에 대한 애널리스트들의 낙관적 편향에 따른 이익 컨센서스의 하향 가능성을 감안하더라도 밸류에이션 부담은 거의 없다. 코스피는 장기적으로 기업 이익 증가분만큼도 오르지 못했다.

걱정되는 점은 미국 증시의 조정과 글로벌 전염 효과이다. 역사적으로 한국 증시가 부진할 때 미국이 강세장을 구가했던 경험은 많다. 한국이 외환위기를 맞았던 1997~98년에도 미국 증시는 강세장이었고, 2012~19년에도 코스피는 장기 박스권에서 벗어나지 못했지만 미국 증시는 역사상 가장 강력한 강세장을 구가했다. 반면 미국 증시가 부진할 때 한국 증시가 상승했던 경우는 단 한 차례에 불과했다. 2002년 1분기가 유일한 경험이었는데, 이때는 카드 및 부동산 규제 완화로 버블을 만들었던 한국 정부의 내수 부양책에 영향을 받은 결과였다. 당시의 '한국 증시 독립'은 오래가지 않았다. 2002년 하반기부터 카드 위기가 한국경제를 엄습하면서 한미 증시 디커플링*은 지속성을 가지지 못했다. 2008년 글로벌 금융 위기 때 코스피는 2,060포인트에서 940포인트대까지 하락했는데, 당시 한국경제와 증시에 주가 지수의 소위 반토막 하락을 설명할 수 있을 정도의 모순이 존재한 것은 아니었다. 미국 모기지 시장발 금융 교란이 전파됐기 때문에 한국 증시도 속수무책으로 밀렸던 것이다.

앞서 미국 증시 역사에서 S&P500 지수가 2년 연속 하락한 경험은 2차 세계대전 이후 단 두 차례에 불과했다고 언급했다. 그런데 이 두 차례 경험과 현 국면은 유사점이 있다. 성장주에 대한 투자자들의 과한 몰입이 끝난 후 시장은 예외적으로 2년, 혹은 3년 연속으로 하락했다. 1973~74년 2년 연속 하락 직전에는 '니프티50 Nifty Fifty(매력적인 50 종목)'으로 대표되는 성장

---

* 한 나라 혹은 일정 국가의 경제가 인접 국가나 세계경제 흐름과는 달리 독자적으로 움직이는 현상을 뜻함.

주 열풍이 있었다. 니프티50에 속했던 IBM, 제록스 등은 당시 'One decision stock'으로 불렸다. 비즈니스 모델이 너무 훌륭해 이들 기업에 대해서는 한 번 주식을 사는 의사 결정을 내리면 그 결정을 바꾸지 않고 평생 보유해도 된다는 낙관론이 시장을 지배했다. 낙관론이 지나치면 버블이 생긴다. PER이 40~50배까지 높아졌던 니프티50 종목들의 버블 형성과 붕괴는 매우 드문 S&P500 지수의 2년 연속 약세로 귀결됐다.

2000~02년 IT 버블 붕괴도 비슷한 맥락이다. 인터넷으로 대표되는 IT 기술 낙관론이 시장을 지배하면서 닷컴 주식들에게 과도한 밸류에이션이 부여됐고, 이후 버블이 붕괴되는 과정에서 충격도 크게 나타났다. 소위 4차 산업혁명 시대를 주도할 것이라는 기대로 높은 밸류에이션 할증을 받고 있는 최근의 미국 기술주들도 비슷한 상황이라는 판단이다.

밸류에이션이 높은 성장주들은 금리 상승에 취약하기도 하다. 먼 미래에 벌어들일 현금 흐름에 대한 기대로 이들 종목의 주가가 형성되는데, 할인율과 다르지 않은 금리 상승은 미래 현금 흐름의 현재 가치를 감소시키기 때문이다.

글로벌 금융 위기 이후 나타났던 저금리의 수혜를 가장 강하게 받았던 시장이 미국 증시였다. 저금리는 주식에 대한 선호를 높였고, 극단적 주주 환원을 가능하게 했으며, 빅테크 기업들의 높은 밸류에이션을 정당화시켰다. 높아진 금리는 이 모든 효과들을 희석시킬 것으로 보인다. 2023년 미국 증시의 조정 리스크는 순환적 경기 사이클을 반영하고 있다고 보기보다는 지난 십여 년간의 저금리 기조하에서 과도하게 부풀어졌던 밸류에이션 과잉(혹은 버블)이 해소되는 과정으로 이해할 필요가 있다. 글로벌 금융 위기 직후부터 미국 증시는 장기간 실물 경기보다 훨씬 나은 성과를 기록해 왔는데, 향후 상당 기간 동안 경기의 흐름보다 주식 시장의 성과가 더 부진할 가능성이 높다. 미국 증시의 불안은 한국 증시에도 부정적 영향을 줄 것으로 보인다.

03 악몽에서 깨어나는 채권 시장

: 채권금리, 팬데믹 이전보다 상당 기간 높은 수준에서 유지될 것

신동준(KB증권 WM솔루션총괄본부장, 숭실대 금융경제학과 겸임교수)

연준의 기준금리 인상은 높은 인플레이션 수준에 대한 경계감이 유지되는 2023년 1분기까지 이어질 전망이다. 2022년 10월 기준 금리파생상품 시장에는 기준금리가 2023년 2분기에 5.00~5.25%까지 인상된 후 2024년 말까지 4.25%로 인하될 것이라는 전망을 반영 중이다. 미국과 우리나라의 단기금리는 중앙은행의 기준금리에 연동되며 상승세를 이어가겠지만, 장기금리는 높은 인플레이션과 기준금리에 대한 부정적 영향이 시차를 두고 경기 침체 우려로 나타나면서 하향 안정될 것이라는 기대가 높다. 그러나 러시아-우크라이나 전쟁이 마무리되더라도 팬데믹 이전보다 높아진 명목성장률과 인플레이션의 구조적 상향 요인들, 연준의 양적긴축 등을 감안할 때, 채권금리는 하락 폭이 제한되면서 상당 기간 팬데믹 이전보다 높은 수준에서 유지될 것이다. 가계와 기업의 이자 부담이 대폭 높아진 만큼 부동산 대출 등의 위험 관리에 주의해야 할 때다. 2022년은 개인투자자들의 채권 투자의 저변이 폭발적으로 확대된 해였다. 2023년은 정기 예금 대비 높은 이자를 바탕으로 매월 또는 매분기 안정적인 이자, 배당 등 현금 흐름을 창출하는 월 이자 지급 채권 등이 각광 받기 시작하는 해가 될 것이다.

| 2022년 개인투자자의 채권투자가 급증한 배경 세 가지

2007년 이후 13년간 박스권에 갇혀 있던 코스피의 상단을 3,300포인트대로 한 단계 끌어 올린 것은 이른바 '동학개미'로 불렸던 개인투자자들이었다. 2020~21년이 개인들의 주식 투자가 크게 증가한 시기였다면, 2022년은 개인들의 채권투자 저변이 폭발적으로 확대된 해로 기록될 것이다. 지난 10년(2012~2021년) 동안 월평균 2,600억 원에 불과했던 개인투자자들의 장외채권 순매수 규모는 2022년 이후 9월까지 월 평균 1조 6,400억원으로 6배 이상 급증했다. 개인들의 순매수는 4월 1조 원을 돌파했고, 7월부터는 3조 원대로 껑충 뛰어올랐다. 2022년 8월 개인들의 채권 순매수 규모는 역대 최대인 3조 3,400억 원으로 지난 10년 동안의 월평균 대비 무려 12.9배에 달한다. 작년까지 월 최고 순매수 기록이 2004년 9월 1.7조 원이었다는 점을 감안하면 가히 폭발적인 채권투자 증가세다.

미국과 독일의 국채 10년 금리는 2022년 10월 20일 기준 4.23%, 2.40%으로 2022년 들어 각각 2.72%포인트, 2.58%포인트 급등했다. 우리나라의 국고채 3년과 10년 금리도 같은 기간 4.35%, 4.43%까지 올라 각각 2.55%포인트, 2.18%포인트 급등했다. 전세계 종합채권지수(USD 기준)와 국내 종합채권지수 역시 연초 이후 수익률은 각각 -21.6%, -9.0%로 손실이 발생했다. 그 여파로 국내 채권형과 채권혼합형 펀드의 잔고는 8.8조원 감소하는 등 전반적으로 기관투자자들의 타격이 컸다. 연준 등 중앙은행들의 매파적 긴축 기조와 에너지 위기에 따른 인플레이션 상승으로 2022년 내내 채권금리가 상승(채권가격 하락)했다는 점을 감안하면 개인투자자들의 채권투자 급증은 상당히 이례적이다.

개인투자자들의 채권투자 수요가 급증한 배경은 세 가지다. 첫째, 고금리 채권에 대한 만기 보유 수요다. 기관투자자들과 달리 개인들은 평가손실에서 상대적으로 자유롭다. 은행의 정기예금 금리보다 1.0~1.5%포인트 이상 높은 AA등급 이상 우량 회사채와 여신전문금융채(카드/캐피탈채)를 매수하여 만기까지 보유하려는 수요가 집중되었다.

둘째, 자본차익을 노린 수요다. 2022년 10월 금리파생상품 시장에는 연준의 기준금리 인상이 2023년 중반경에는 일단락되고 인하로 돌아설 가능성을 반영하고 있다. 개인의 채권투자에 대한 자본차익은 과세를 하지 않는다. 만약 국채 30년물을 매수하여 금리가 0.5%포인트 하락한다면 투자수익률은 약 10%에 달한다. 생명보험사의 예정이율, 즉 장기보험 계약자에게 약속한 보험금을 지급하기 위해 적용하는 이자율도 2%대 중반에 미치지 못하기 때문에 2022년 10월 20일 기준 4.20%인 국채 30년물의 금리 수준은 만기 보유 측면에서도 충분히 매력적이다.

셋째, 절세 수요다. 채권투자의 과세는 쿠폰(표면금리)에 부과된다. 채권금리가 최저점 부근이었던 2019~20년 상반기에 발행된, 표면금리가 낮은 채권들은 절세를 위한 거액자산가들의 수요가 크다. 예를 들어 2022년 10월 20일 기준 만기수익률은 4.33%이지만 표면금리가 1.125%에 불과하기 때문에 은행의 예금금리와 비교한 예금환산수익률은 6.11%나 된다. 표면금리가 1%로 낮은 국채인 국민주택1종 채권(5년 만기)도 절세용 채권으로 인기가 높다.

┃ 정상화로 가는 여정, 높아진 균형

팬데믹의 영향권 아래에서도 2022년은 제한적인 일상으로 돌아가는 여정이 될 것이며, 대규모 경기부양책들이 회수되는 과정에서 나타날 진통들을 넘어서야 하는 해가 될 것이라는 전망이 1년 전에 그렸던 2022년의 모습이었다. 중요한 것은 어디로, 어떤 수준으로 돌아가야 할 것인가에 대한 정상화의 '기준'이다. 기준금리를 어느 수준까지 인상해야 하며, 시중에 풀린 유동성은 어느 정도까지 흡수해야 적정한 것인가에 대한 결정이다. 중앙은행과 정부는 그 기준에 따라 부양정책의 회수 속도와 강도를 결정할 것이다. 그러나 2022년 2월 러시아-우크라이나 전쟁으로 인해 성장률이 둔화되고 인플레이션은 급등하면서 기준이 혼란스러워졌다.

2020~21년의 경제지표는 팬데믹에 의해, 2022년의 경제지표는 전쟁에 따른 인플레이션과 공급망 충격에 의해 크게 왜곡되었다. 따라서 왜곡이 완화될 것으로 예상되는, 주요 투자 은행들의 2023~24년 경제전망을 바탕으로 향후 정상화의 '기준'과 '균형점'을 가늠해 볼 필요가 있다. 2023~24년 선진국의 실질 경제성장률과 소비자물가 상승률 전망을 팬데믹 이전인 2011~19년 평균치와 비교해보았다. 그 결과 2023~24년의 평균 실질성장률은 2%로 팬데믹 이전 평균보다 0.5%포인트 낮은 수준에서 형성될 것으로 추정되었고, 2023~24년의 평균 인플레이션은 3.3%로 팬데믹 이전 평균보다 1.6%포인트 높은 수준에서 형성될 것으로 추정되었다.(2022년 8월 말 데이터 기준)

팬데믹의 부정적 충격이 경제에 '영구적 손상'을 끼쳐 잠재

성장률이 하락하고 향후 저성장, 저물가 기조가 고착화될 것을 우려했지만, 정작 한 단계 높아진 인플레이션으로 인해 향후 실질성장률과 인플레이션을 더하여 추정한 명목성장률은 팬데믹 이전의 저성장, 저물가 시대보다 약 100bp 이상 높은 수준에서 균형이 형성될 것으로 전망된다는 의미다.

왜 이런 현상이 나타난 것일까. 첫째, 팬데믹 직전 연준과 ECB 등 주요 중앙은행들의 정책프레임이 인플레이션을 용인하는 방향으로 전환됨에 따라 인플레이션 발생 초기에 적절한 대응이 이뤄지지 못했다. 저물가가 골칫거리였던 2020년 8월 연준은 잭슨홀에서 인플레이션 오버슈팅* 정책인 '평균물가목표제'를 도입했다. 인플레이션이 목표치인 2%를 웃돌더라도 일정 부분 이를 용인한다는 정책이다. 연준과 중앙은행들이 2021년 하반기부터 본격화된 인플레이션 상승에 선제적으로 대응하지 못한 이유다.

둘째, 팬데믹을 거치면서 임금 상승과 복지 확대가 광범위하게 진행되었다. 팬데믹에서 벗어난다 하더라도 임금과 복지정책을 되돌리기는 쉽지 않을 것이다. 사람들은 복지가 강화될수록 오히려 노동 시장에서 이탈하는 경향을 보인다. 현대 복지정책이 확립된 시기인 1960년대 말 린든 존슨 미국 대통령의 '위대한 사회Great Society' 정책 이후 고령층의 조기 은퇴 현상이 대

---

*   상품이나 금융 자산의 시장 가격이 일시적으로 폭등, 폭락하였다가 장기균형수준으로 수렴해가는 현상.

표적이다. 이는 타이트한 노동 공급과 비용 상승을 통해 인플레이션을 높인다.

셋째, 2020년 이후 팬데믹은 상품 수요를 높여 공급망에 부담을 주었을 뿐 아니라, 바이러스 감염자의 이탈에 따른 공급 위축을 통해 비용 부담을 높였다. 이후에도 중국에서 바이러스가 재확산될 때마다 경제 봉쇄를 단행하면서 공급의 안정성을 낮추고 있다. 또한 팬데믹 이전에는 각국의 노동자들이 자신을 필요로 하는 곳에서 일할 수 있었으나, 이동 제한으로 인해 노동력 공급에도 차질이 생겼다.

넷째, 첨단 산업과 핵심 설비, 인력을 내재화하는 과정에서 비용이 상승했다. 비용을 줄이기 위해 신흥국으로 생산을 외주화한 결정도 조달 비용과 공급망의 안정성을 위협하고 있다. 2018년 이후 미국과 중국의 헤게모니 다툼이 무역분쟁 등으로 확산되면서 기업들은 미국과 중국이 한 공급망 내에 있기 어렵다고 생각하고 있다. 공급망 간 호환성이 낮아지면 기존 공급망의 효율은 낮아지고 비용은 높아진다. 글로벌 공급망은 흔들리고 있는 정도가 아니라, 불확실성이 가라앉으면 대대적인 투자를 통해 공급망을 재구축해야 하는 상황이다.

다섯째, 에너지 전환 과정에서 큰 비용이 치러지고 있는 점도 공급망에 부담을 주고 있다. 이미 많은 나라에서 재생에너지의 균등화발전비용LCOE이 화석연료에 비해 낮아졌고, 재생에너지는 계속 연료를 공급해야 하는 화석연료 발전 시스템과도 차별화된다. 그러나 화석연료 발전은 이미 시설 투자가 완료되어 가동 중인 반면, 재생에너지는 시설투자가 여전히 진행 중이다.

여섯째, 2008년 금융위기 이후 상품 가격과 경제적 비용을 낮추는 역할을 했던 '아마존 효과'가 소멸되었다. 전통 기업들의 사업 영역을 빼앗아 성장하던 아마존도 운송 차질과 비용 상승 문제를 소비자에게 전가하고 있기 때문이다.

| 높은 인플레이션이 여는 새로운 통화 정책의 시대

지금의 인플레이션 문제가 어려운 것은, 강한 수요뿐 아니라 구조적인 공급 문제가 결합되어 있기 때문이다. 2018년 미중 무역 분쟁, 2020년 팬데믹, 2022년 러시아-우크라이나 전쟁으로 공급망이 와해되면서 비용 부담이 한 단계 높아졌다. 팬데믹을 거치면서 높아진 임금 상승과 복지 확대도 인플레이션의 하단을 높였다. 미중 무역분쟁과 러시아-우크라이나 전쟁 이후에 미국-유럽이 중국이나 러시아와 대립하는 진영 간 대결 구조도 선명해졌다. 비용이 낮은 해외에 생산 시설을 구축하는 오프쇼어링 offshoring이 마무리되고, 신뢰가 쌓인 나라들 안에서 공급망을 구축하는 프렌드쇼어링friend-shoring의 필요성도 비용 부담을 높이는 중이다. 경기둔화 우려가 생기면 원자재 가격과 금리가 충분히 낮아지면서 경제의 부담을 낮춰야 하지만, 지금은 그런 연결고리가 작동하기 어려운 환경이다.

　인플레이션 상승률 둔화는 예상보다 더디게 진행될 가능성이 높다. 경기침체에 따른 수요 위축으로 인플레이션이 낮아질 수 있다고 생각하지만, 공급이 위축되어 있기 때문에 언제든지 수요가 증가하면 인플레이션 압력은 다시 높아질 수 있기 때문이다. 결국 공급 문제가 해결의 실마리를 찾아야 인플레이션 걱정에서 벗어날 수 있다는 얘기다. 지금의 공급 차질 이슈는 생각하는 것보다 훨씬 복잡해서, 일반적인 경기 사이클처럼 경기 하강만으로는 해소되기 어렵다.

　성장률 전망이 크게 낮아진 배경은, 공급 충격에 따른 높은 인플레이션과 이에 대응하기 위한 통화 긴축 전망이 강화되고 있기 때문이다. 공급 측면의 문제로 인플레이션이 발생했고, 이를 통제하기 위한 통화 긴축이 향후 수 분기 동안 실물 경제에 부정적 영향을 끼칠 전망이다. 실업률과 인플레이션의 관계를 나타내는 '필립스 곡선의 평탄화'는 중앙은행들의 인플레이션 통제를 더 어렵게 만들었다. 즉 실업률이 변동할 때 인플레이션에 미치는 민감도가 금융위기 이후 상당히 낮아졌기 때문에, 그동안 중앙은행들은 낮은 인플레이션을 끌어올리기 위해 고용 시장을 충분히 과열시켜도 괜찮았다. 필립스 곡선의 평탄화는 과감한 통화 완화가 필요하다는 의미로 받아들여 왔다. 그러나 지금은 반대로 인플레이션을 낮추기 위해서는 과감한 통화 긴축이 필요하며 이는 실업률이 대폭 상승해야 한다는 것을 의미한다.

인플레이션 기대가 높아지면서, 연준은 고물가에 따른 혹독한 비용을 치르지 않기 위해 경기 우려가 높아져도 통화 긴축에 몰입할 가능성이 높다. 이는 유로존과 영국 등 주요 중앙은행에도 영향을 미친다. 이들의 전략이 기준금리를 내리고 통화가치를 낮춰 저물가에서 벗어나고 해외시장에서 가격경쟁력을 높이는 전략, 소위 '환율전쟁'에서 기준금리를 올리고 통화가치를 높여 고물가에서 벗어나는 전략으로 선회하고 있다는 의미다.

채권금리는 성장둔화 전망에도 불구하고 하향 안정 폭이 제한되면서 팬데믹 이전보다 높은 수준이 상당 기간 유지될 것이다. 경기가 나빠지면 자금수요가 줄면서 금리가 하락해야 한다. 그러나 지금은 민간의 자금수요 감소보다 에너지 전환과 인프라 투자 등 정부가 빌려야 하는 돈의 규모가 이를 압도한다. 경기가 나빠져도 금리가 상승할 수 있다는 이야기다. 2023년은 정기 예금 대비 높은 이자를 바탕으로 매월 또는 매 분기 안정적인 이자, 배당 등 현금 흐름을 창출하는 월 이자 지급 채권 등이 각광받기 시작하는 해가 될 것이다.

금리 수준이 예상보다 더 높아질 경우 나타날 수 있는 위험 요인에 대해서도 면밀히 점검해야 한다. 우리나라는 2022년 2분기, 민간(비금융기업+가계)의 소득 대비 원리금 상환비율DSR이 금융 위기 당시보다 대폭 높아졌다. 가계의 DSR이 상승한 영향이다. 이는 가계의 소비 여력을 위축시켜 경제의 활력을 떨어뜨릴 위험이 있다. 저금리 기조의 장기화에 익숙해진 경제주

체들과 가파른 부채의 증가 속도를 감안할 때, 이제부터는 부채
가 많은 가계 등 취약계층의 부실화 가능성과 부동산 시장의
움직임을 면밀히 살펴야 한다.

04 냉각기 들어선 부동산 시장

장종회(매경비즈 대표)

변화 조짐이 일던 국내 부동산 시장이 윤석열 정부가 들어선 2022년 중반이 넘어가면서 빠른 속도로 냉각기에 진입했다. 전국의 아파트 거래량은 역대 최저 수준으로 떨어져 급매물도 소화가 잘 안될 정도 거래절벽이 심해졌다. 2022년 9월 초순 전국 아파트값은 부동산원이 주간 통계를 내기 시작한 2012년 5월 이후 가장 큰 폭으로 주저앉았다. 서울도 하락 폭이 커지는 추세다. 8월 하순까지 17주 연속 하락세를 탄 뒤끝인데다 지역별로 9~10년 만에 가장 많이 떨어졌다. 인천·경기는 물론 서울도 낙폭이 크고 그동안 강세였던 노도강(노원, 도봉, 강북구)을 비롯해 강남, 서초, 송파구 등 강남권도 하락을 면치 못했다.

| 예상외로 빠른 금리 인상 폭풍

치솟던 집값이 하락 반전한 데에는 기준금리 인상이 도화선이 됐다. 당초 시장에서는 금리 인상이 과도하지만 않다면 큰 타격을 가하지는 않을 것으로 예상했지만 실제로는 빠르고 지속적인 인상 때문에 충격파가 컸다. 주택 매매를 위해 받는 대출의 비용이 높아진데다 금리가 더 뛸 것이란 전망으로 수요가 눌리고 가격 추가 하락 기대감이 강해지니 시장은 꽁꽁 얼어붙었다. 거기에 매도자의 조바심이 맞물려 매수자 우위 시장으로 판이 뒤집혔다. 가을 이사철임에도 불구하고 거래가 말라 급매물만 간헐적으로 팔리는 실정이다. 서울부동산정보광장에 따르면 2022년 7~8월 서울 아파트 매매 건수가 2006년 통계를 내기 시작한 이래 가장 낮은 수준이다. 일부 구 지역에서는 거래 건수가 0인 곳도 나타났다. 경매 시장도 냉각돼 2022년 8월 전국 아파트 경매낙찰가율(감정가 대비 낙찰가)이 85%대로 3년 만에 가장 낮은 수준이고 낙찰률(경매 건수 대비 낙찰 건수)도 40%대로 떨어졌다.

문재인 정부 시절 집값 억제를 위해 30번에 가까운 굵직한 대책을 내놔도 백약이 무효였던 걸 감안하면 시장이 언제 그랬나 싶다. 세제 개편에서 시작해 용도지역제 변경, 대출 제한 등 각종 부동산 규제를 완화해 나가는 윤석열 정부에서 오히려 집값이 조정을 받으니 어리둥절해하는 사람도 적잖다. 부동산 규제 완화가 이어지면 집값이 들썩일 것이라는 목소리도 없지 않지만 실제로는 가격 하락세가 강해져 "정부 정책에 맞서지 말라"는 시장의 오래된 격언을 무색하게 한다.

금리 인상과 시장 침체 기대가 맞물려 거래위축과 가격하락이 본격화하면서 부동산 시장은 2022년 말까지 당분간 약세로 갈 전망이다. 2023년에도 하락세가 지속될 가능성이 높은데 일각의 우려처럼 대폭락이 곧바로 현실화하지는 않을 듯하다. 일부 지역을 빼고는 입주 물량이 적은 곳이 아직 많고 미분양이 늘었다 해도 최근 수년 추세상 심각한 정도는 아니어서다. 더욱이 당국이 부동산세 부담 축소와 규제 완화로 선회한 만큼 시장에서는 눈치 보기가 치열하게 펼쳐질 것으로 관측된다. 2021년과 같은 기간으로 비교했을 때, 2022년 8월 말의 주택 매매 및 전세 가격 변동률은 빠르게 낮아지는 추세이기는 하나 마이너스까지는 아니다. 하지만 시장 분위기가 조금 더 얼어붙는다면 마이너스로 추락할 가능성이 크다. 물론 정책금리가 2023년에 뛸 만큼 뛴 상태에서 정점을 찍고 하락 신호가 뚜렷해진다면 반전이 이뤄질 수도 있다. 규제 완화, 공급 확대 시차 등으로 인해 수요심리에 불이 다시 당겨진다는 조건 아래서다. 다만 지금으로서는 금리가 2023년에 당장 하강 곡선을 그리기는 어려운 만큼 시장에 변화가 일부 나타나더라도 속도 조절에 그칠 것으로 예상된다.

[그림 1-1] 서울 주택 매매·전세가 변동률 추이(전년 동월 대비, 단위:%)

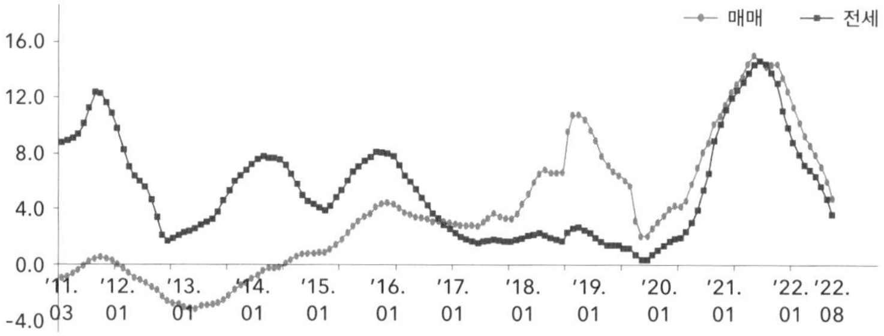

자료: 국토교통부, KB국민은행

| 부동산 규제 풀어도 시장은 냉각

윤석열 정부는 출범 초기부터 직전 정부와 마찬가지로 부동산 대책을 수시로 쏟아냈다. 종전과 다른 것은 수요 억제보다는 규제 완화에 방점을 찍은 대책들이라는 점이다. 새 정부 부동산 정책이 처음 모습을 드러낸 5.30 중산·서민 주거안정정책(2022년 5월 30일)만 보더라도 그런 기조가 뚜렷하다. 부동산 공시가격이 급상승해 보유세 부담이 커지며 1주택자들 여론이 악화하자 이를 2020년 수준으로 환원시킨다는 공언이다. 윤석열 정부는 6.16 새 정부 경제정책 방향에서 구체적 방안을 내놨는데 1주택자에 대한 재산세 부과 기준인 공정시장가액 비율(공시가격에 대비한 세부과 기준가격의 비율)을 60%에서 45%로 낮추고 종부세 부과 기준인 공정시장가액 비율도 당초 100%로 올리려던 것을 60%로 환원하기로 했다. 6.30 규제지역조정안에서는 대구 수성구, 대전 유성구 등 6곳을 투지과열지구에서 해제하는 등 지방 규제 지역을 줄였다. 7.21 세제 개편에서는 종합부동산세와 관련한 획기적인 개편안이 제시됐다. 주택 수를 기준으로 차등과세를 해오던 것을 총보유주택 가액 기준으로 전환하고 세부담 상한선도 150%로 단일화하기로 했다. 종부세 세율은 이전 정부에서 급등시키기 전인 2018년 수준에 비해서는 조금 높지만 2019년 이후 강화된 세율에는 못 미치는 정도로 조정한다는 방침이다.

노무현 정부에서 처음 도입된 종부세는 2018년까지 주택 가액별로 단일세율이 적용됐는데 문재인 정부가 들어선 뒤 다주택자 중과로 징벌적 성격을 강화했다. 종부세 과세 구간이 세분되고 2년 터울로 세율을 급격하게 올려 2021년 이후에는 초기보다 구간에 따라 3배 이상 부담 폭을 늘렸다. 이번 개편안이 실행되면 종부세 도입 초기와 유사한 수준으로 돌아가게 되는 셈인데 공정시장가액 비율 하향까지 합치면 세부담이 70%가량 줄어든다는 게 전문가들 추산이다.

새 정부의 종부세 개편안이 국회에서 제동이 걸려 원안대로 가기는 힘들지만 이런 기조가 2023년 세제 개편에서라도 관철된다면 부동산 시장에 소용돌이를 일으킬 것이다. 특히 다주택자들의 대처가 종전과 달라질 가능성이 크다. 1주택 판정요건 변경도 주목할만하다. 1주택자를 가를 때 상속을 받은 주택을 주택 수에서 빼준다는 것인데 실제로 적용된다면 매물로 나올 물량을 줄이는 효과가 적잖을 전망이다. 하락세로 접어든 집값이 폭락까지 몰리지 않도록 하는 여건이 만들어지는 셈이다. 새 정부의 부동산정책 개편 방향은 시장을 자극할만하지만 정작 집값은 하락세를 잇고 있다. 정부안 가운데 공시가격이나 공정시장가액 비율 조정과 다주택자 양도세 중과 한시 유예는 시행령 개정으로 시행할 수 있지만 다주택자 중과 폐지나 1주택자 특별공제한도 상향 등은 국회를 통과해야 하는 만큼 불발에 그칠 수도 있다. 그런 경우 하락의 무게 추는 더 무거워질 것이다.

| 세진 하락변수… 과도한 미분양 우려

최근 3~4년간 집값이 급등하며 매수심리가 주춤해진 상황에서 대출 규제나 금리 인상 등의 조치는 울고 싶은데 뺨 때려준 격이다. 특히 DSR 규제는 금리 인상과 함께 강력한 효과를 발휘하는 모양새다. 종전에는 대출원금을 3~5년 거치기간을 거친 뒤 이자와 함께 상환했지만 이제는 원리금 동시 상환이 강제되고 모든 부채를 통합 관리하면서 주택구매자금 조달이 힘들어졌다. 기준금리가 빠른 속도로 오르고 대출금리는 그 이상 뛰었으니 당연한 귀결이다.

최근 늘어나는 미분양을 폭락의 전조로 몰기도 하지만 과거 추세를 보면 과도한 우려로 보인다. 지난 2008년 글로벌 금융위기로 2009~10년 주택 시장이 대침체에 빠졌을 때 국내 미분양 규모는 16만 가구를 넘었다. 2022년 9월 전국의 미분양 물량은 3만 가구쯤이니 당시의 5분의 1에 불과하다. 가구 규모가 작거나 외곽에 입지한 단지 가운데 높은 가격에 분양된 곳은 직격탄을 맞겠지만 시장 전반이 외환위기나 금융위기 때처럼 주저앉기는 힘든 상황이다. 다만 대구 달서구 등 미분양 물량이 많이 쌓이는 곳에서는 지역에 따라 눌림현상이 한층 강해질 전망이다. 대전에서도 단기간 급등했던 유성구나 서구 등은 하락세가 뚜렷해지고 그렇지 않은 곳은 버티는 모습을 연출할 것으로 예상된다. 물론 주택 시장의 기초체력이 살아 있더라도 금리 인상 여파는 지속적으로 미칠 테고 지방과 대구 등 미분양이 몰린 일부 광역시를 중심으로 집값은 10% 안팎 하락할 것으로 관측된다. 급매물도 마찬가지다. 주택가격이 30~40% 떨어지는 대폭락을 예상하려면 1,000가구 규모의 아파트 단지 한 곳에서 급매물이 20~30건은 쏟아져야 하지만 2022년 9월 기준 4분의 1 수준이다.

부동산 시장 변동의 주요 변수 가운데 하나인 입주 물량에서는 긴박도가 여전하다. 과거 10년간 추이를 보면 전국의 입주 물량은 가장 낮은 수준을 향해 내려가고 있다. 특히 서울

[표 1-1] 부동산 시장 상승 요인을 압도하는 하락 요인

하락 요인	상승 요인
대출금리 상승	입주물량 부족(지역별 격차)
가격 단기급등 피로감	유동성 효과(구매력 상승)
대출규제 지속	인플레이션(자산가치 상승)
보유세·양도세 부담 확대	주택규제 완화 정책 선회
미분양 증가	
대규모 공급계획 발표	

의 입주 물량은 2000년대 들어 최하단에 해당할 정도로 낮아졌다. 3기 신도시 공급분이 시장에 쏟아지는 2026~27년이 되어야 입주 물량이 회복될 것으로 전망된다. 10여 년 전인 지난 2011~13년에도 입주가 바닥권이었는데 이때는 하우스푸어 문제가 심각한 사회 문제로 부각된 시기였다. 당시는 주택 시장이 극도의 침체에 빠졌던 때였기 때문에 입주 부족이 이슈로 대두되지 않았다. 입주가 많지 않았지만 주택 수요도 크지 않아 매매 가격을 끌어 올리지 않았기 때문이다. 입주 예정 물량이 평균적인 지역 수요와 비교했을 때 지나치게 많을 경우에는 시장의 눌림현상이 가속될 것이다. 내년에 입주 물량이 3만 5,000가구를 넘어 최근 수년래 최고 수준인 대구광역시 같은 곳이 그렇다. 반면 광주광역시는 2022년에 1만 400가구 이상 공급되며 숨통을 틔웠지만 2023년 이후에는 다시 4,000~5,000가구대로 주저앉는다. 대전광역시도 2022년에 9,000가구 넘게 입주됐

던 게 2023년에는 3,000가구대로 3분의 1 토막이 난다. 평년에 6,000가구대 입주가 이뤄지던 것과 비교하더라도 절반에 불과하다. 이처럼 공급이 긴박한 곳에서는 부동산 시장이 상대적으로 완만한 하강 곡선을 그리거나 버티는 모습을 나타낼 가능성이 높다.

| '270만 호' 대책의 허실… 공급부족 이슈 지속

[그림 1-2] 전국 미분양 주택 추이(단위:만 가구)

자료: 국토교통부

문재인 정부는 집요하게 수요억제책에 매달리다 결국 시장압력에 무릎을 꿇고 3기 신도시 개발을 막판에 발표하며 공급 확대에 나선 바 있다. 이는 2기 신도시 개발에 내몰렸던 노무현 정부

말기 상황과 거의 판박이다. 시장에서 공급 위주 정책 선회가 너무 늦었다는 지적이 비등했던 만큼 윤석열 정부는 직전 정부의 실패를 반면교사로 삼아 출범 초기부터 공급 확대 카드를 빼들었다.

새 정부는 8.16 국민주거안정방안에서 집권 5년간 수도권 158만 가구와 비수도권 112만 가구 등 전국적으로 총 270만 가구를 공급하겠다는 청사진을 내놨다. 이는 문재인 정부 5년 공급량인 257만 가구를 훌쩍 넘어서는 규모다. 하지만 뜯어보면 숫자 맞추기에 급급한 듯한 인상이 짙다. 270만 가구 가운데 확정적으로 주택당국이 책임질 수 있는 물량은 공공택지 공급분 88만 가구뿐이어서다. 나머지는 정비사업 등을 통한 아파트 공급분 118만 가구 등 그 두 배가 넘는 182만 가구를 민간에서 내놔야 한다.

특히 서울에서 나올 공공 물량은 5만 가구에 그친다. 당국이 서울에서 내놓겠다는 50만 가구 가운데 90%는 민간에서 책임져야 한다. 수도권 전체로 넓히더라도 5년간 공급물량이 158만 가구지만 그 가운데 공공 공급분은 62만 가구이며 민간 공급분이 96만 가구로 훨씬 많다. 민간 공급량은 시장 상황에 따라 늘어나거나 줄어들 수 있어 불확실하다. 주택당국이 공급을 확약해 추진하는 물량만으로 따지면 5년간 62만 가구여서 1년에 12만 가구를 겨우 넘는 수준이다. 국내 주택수요를 감안하면 연평균 25만 가구 안팎이 공급되어야 수급을 맞추는데 턱없이 부족하다. 3기 신도시 물량이 본격적으로 쏟아질 2026~27년께에는 확실히 공급이 수요를 압도하겠지만 그 이전까지는 서울 등 핵심지역에서의 공급부족 이슈가 완전히 해소되기는 어렵다는 관측이다.

[그림 1-3] 수도권 아파트 입주 물량 추이(단위:만 가구)

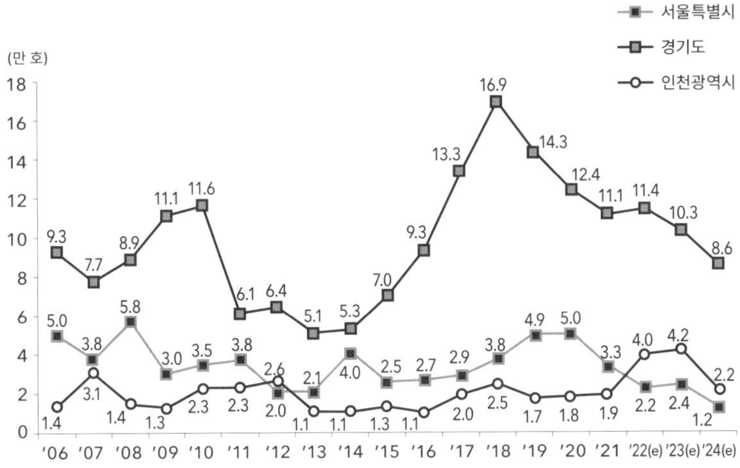

자료: 국토교통부, 부동산114, 박합수부동산연구소 종합

05 | 가상자산, 메타버스로 밸류업

최준용(후오비주식회사 대표)

| 크립토 윈터의 재림

크립토 윈터crypto winter란, 가상자산의 가격이 급락하고 시장에서 자금의 유출이 지속되는 현상을 겨울에 비유해 이같이 부른다. '가상자산 겨울'로 직역되는 크립토 윈터는 지난 2014년 1년 동안 비트코인의 −58%의 폭락, 그리고 4년 후인 2018년 1년 동안 있었던 −73%의 폭락을 지칭한다. 얄궂게도 그로부터 또 4년이 지난 2022년, 비트코인은 연초 대비 −50% 이상의 폭락을 이미 경험하고 있다. 4년마다 반복되는 악몽은 시장 참가자들을 크게 긴장시킨다. 언제쯤 하락이 멈추고 다시 상승장이 시작될까?

2018년의 가상자산 대폭락 이후 1만 달러 내외에서 긴 시간 등락을 반복하던 가상자산의 대장주 비트코인의 가격은 2020년 하반기 전통적 금융 기관 및 기관투자자의 가상자산 투자가 확대되면서 2021년 들어서서 가파르게 급등하며 급기야 2021년 4월에는 당시 역사적 최고가인 6만 5천 달러를 기록하였다. 비트코인뿐만 아니라 전 세계 가상자산의 시가총액은 2021년 5월 기준 전년동기대비 882.7%의 급등세를 기록하였다. 그러나 가장 큰 시장 중의 하나인 중국 내 채굴 및 거래 금지 소식이 전해지면서 2021년 5월 말 한 차례 대폭락이 일어났으며, 비트코인 기준 2.9만 달러로 최고점 대비 가격이 −60% 가까이 떨어졌다. 이후 얼마지 않아 2021년 10월부터 다시 시작된 상승 랠리에서 2021년 11월 비트코인은 역대 최고가인 6만 8천 달러를 기록하였다. 채굴량 및 거래량에서 독보적 위치에 있었던 중국의 시장 탈퇴에도 불구하고 전 세계 가상자산의 시가총액은 중국발 대폭락 이후 다시 143.7% 반등하며 2021년 11월 역대 최고점인 3조 480억 달러를 기록하였다.

하지만 파티는 오래가지 않았다. 2022년 들어서서 코로나 바이러스의 장기화와 러시아-우크라이나 전쟁, 중국-대만 양안 문제 긴장에 따른 글로벌 공급망의 불안, 경기 진작을 위한 각국 정부 과도한 유동성 공급정책의 악영향 등이 겹치면서 유례

없는 전 세계적 물가상승이 일어났다. 인플레이션을 막기 위한 급격한 이자율 인상 등 미국 통화정책 긴축 이슈가 대두되고, 특히 2022년 5월 루나-테라 폭락사태가 불거지며 전 세계 가상자산 시가총액은 지속적으로 하락세를 기록하여 2022년 8월 말 기준 1조 달러마저 붕괴된 9,530억 달러를 기록 중이다. 이는 고점대비 −68.8%의 폭락이다.

눈에 띄게 두드러진 양상은 가상자산 시장과 주식 시장의 동조화 현상이다. 과거에는 주식 시장과 가상자산 시장의 등락은 별개인 경우가 많았다. 주식 시장이 섹터별 실적이나 경제 펀더멘탈 상의 이유로 폭락하더라도 가상자산 시장은 기술 발전과 상용화, 희소성에 대한 기대감으로 상승하곤 했다. 반대로 가상자산 시장이 폭락할 때 주식 시장은 별다른 영향을 받지 않는 경우가 많았다. 이에 대체 투자처로서 위험자산의 투자 포트폴리오 중 일부를 비트코인이나 이더리움 등 가상자산으로 구성할 필요가 있다는 이야기가 테크기업과 기존 금융권을 중심으로 활발히 논의되었다. 주식과 상관관계가 낮으니 분산투자가 이뤄져 좋은 리스크 헤지 수단으로 활용 가능하다는 판단이었다. 2020년 하반기부터 이어졌던 글로벌 테크기업과 전통적 금융 기관 및 기관투자자의 가상자산 투자 확대는 이러한 배경과 무관하지 않다. 가상자산 시장은 기업과 전통 금융권의 유동성 유입으로 2021년 거침없는 상승장을 맞이하였지만 하락장에서는 주식 시장과 커플링되어 심지어 기술주들보다 그 하락 폭이 더 확대되는 약점을 노출시켰다. 이러한 가상자산 시장과 주식 시장의 동조화 현상은 향후 가상자산 시장 회복 시점에 대한 예측을 더 어렵게 만든다. 블록체인의 기술적 성취나 가상자산 시장에 대한 각국 규제 환경의 변화 외에도 거시경제 환경의 호전이 뒷받침해줘야 시장회복을 기대할 수 있게 된 것이다. 불확실성이 높아지는 거시경제 환경은 적어도 향후 1~2년간 가상자산 시장 전망을 어둡게 예측할 수밖에 없는 이유가 된다. 유달리 가상자산 시장의 하락 폭이 큰 데에는 시장 자체에 대한 불안정성이 끼친 영향도 언급된다. 가상자산 시장은 가상자산을 트레이딩하는 것 외에도 운용자산을 예치하거나 가상자산을 대출하는 등 다양한 DeFi Decentralized Finance 비즈니스 모델이 존재하는데 호황 때는 모르고 있던 관련 업체들의 관리 부실이 가상자산 폭락과 함께 하나씩 수면 위로 떠오르고 있으며 이러한 이슈들이 시장의 불안정성을 증폭시키는 악순환이 반복되고 있다.

DeFi는 아직 초기의 금융 시스템인 만큼 유동성, 보안, 탈중앙화되지 못한 관리, 데이터의 진위 여부를 판단하는 오라클 시스템에 대한 해킹 공격 등 아직까지 많은 문제점을 가지고 있다. 그러나 현재 DeFi 2.0 프로젝트 등 이를 개선하기 위한 시도들 또한 이루어지고 있으며 소기의 성과를 나타내고 있다.

가상자산 시장과 주식시장 모두에 투자하는 시장 참가자들이 많아짐에 따라 두 시장이 동조화되어 비슷한 흐름을 나타내고 있으나, 가상화폐의 시세와는 별개로 그 수요의 측면에서 블록체인 관련 산업이 긍정적인 방향으로 나아가고 있는 것은 부정할 수 없는 사실이다. 또 국제 사회 내 지정학적 긴장과 관련해 미국의 달러화가 제재 수단으로 사용되고 달러화의 패권이 커질수록 반대 진영의 국가들이 비트코인을 채택함으로써 돌파구를 마련할 가능성 또한 병존한다.

| 가상자산의 가장 큰 성장동력은 메타버스

더욱 커진 변동성과 여러 부정적 이슈들에도 불구하고 가상자산은 진화와 성장을 계속하고 있으며, 그 존재가치와 본연의 가치를 증명해 나가고 있다. 이제는 누구도 블록체인과 가상자산의 미래 가치와 그 발전 가능성에 대해 경솔히 폄하하거나 의심하지는 않는다. 특히 다가오는 메타버스 시대에 블록체인과 가상자산은 그 핵심적 역할과 가치를 확보해 나아갈 것으로 기대되고 있다.

메타버스는 미래 인류가 살아갈 새로운 디지털 공간이자 모든 사람이 참여하는 신세계다. 누구나 물리 세계의 속박을 떨치고 디지털 공간에서 더 나은 자신으로 거듭나 자신의 가치를 극대화할 수 있다.

페이스북의 창립자이자 최근 사명조차 메타Meta로 바꾼 마크 저커버그Mark Zuckerberg에 따르면 메타버스는 모바일 인터넷을 잇는 차세대 인터넷으로 영구적이고 실시간이며 진입 제한이 없는 환경이다. 메타버스 이용자는 다양한 기기를 통해 자유롭게 메타버스를 찾을 수 있다. "그곳에서는 단순히 콘텐츠만 보는 것이 아니다. 당신이라는 사람 자체가 그곳에 실재한다."

게임 플랫폼인 로블록스 공동 창업자이자 CEO인 데이비드 바스주키David Baszucki는 메타버스를 사람들이 오랜 시간 동안 일하고 배우고 놀 수 있는 가상공간이라고 표현했다. "앞으로 로블록스 이용자들은 플랫폼에서 고대 로마에 관한 책을 읽으면서 메타버스에 지어진 역사 명소를 참관하고 도시를 둘러볼 수도 있다."

〈AI저널The AI Journal〉 창업자 톰 앨런Tom Allen의 설명은 이러하다. "메타버스는 기하급수적으로 성장하는 가상 세계다. 사람들은 자신이 생각하기에 알맞은 방식으로 물리 세계의 경험과 지식을 응용해 메타버스 안에 자신만의 세계를 창조할 수 있다."

메타버스를 '다음 단계의 인터넷, 즉 Web 3.0'이라고 아주 간단하게 정의할 수도 있다. 지난 25년간 인터넷이 이룬 진보는 모두 기술 혁신을 통해 응용 시나리오의 외연을 점차 확장해나간 것으로 볼 수 있다. 그 결과 사회와 경제는 더 높은 차원으로 나아갔다.

Web 1.0은 PC 인터넷으로 1994년에 시작돼 지금에 이르렀다. Web 1.0은 정보를 효과적으로 전달할 수 있다. 뉴스, 검색,

이메일, 메신저, 전자상거래, 컬러링, 클라이언트, 웹게임 등 애플리케이션이 보급되면서 전 세계 인터넷 이용자들이 빠르게 연결돼 정보 전송 효율이 크게 향상되고 정보 획득의 문턱이 낮아졌다.

Web 2.0은 모바일 인터넷으로 2008년 즈음에 첫발을 내디딘 뒤로 끊임없이 위대한 여정을 이어오고 있다. 스마트폰은 '24시간 온라인 상태,' '언제 어디서나 가능'이라는 특징이 있다. 이 스마트폰 덕분에 Web 2.0이 우리의 삶 안으로 깊숙이 파고들었다. Web 2.0 단계에서는 '네트워크 접속'이라는 개념이 점차 사라졌다. 일상생활이 네트워크상에서 이루어지기 때문이다. 오프라인에서 맺은 사회적 관계 중 다수가 온라인으로 옮겨갔고 아예 온라인에서 새로운 사회적 관계를 맺는 경우가 훨씬 많아졌다. SNS, O2O서비스Online to Offline, 모바일 게임, 숏폼 동영상, 라이브 스트리밍, 앱 배포, 인터넷 금융 등 모바일 인터넷 서비스가 주류를 이룬다.

Web 3.0은 메타버스라고 생각한다. 바야흐로 새로운 인터넷 시대의 서막이 열렸다. 머잖아 생각지도 못한 혁신적인 변화들이 잇따라 발생할 것이다. 블록체인은 디지털 자산을 창조하고 스마트 계약은 스마트경제 시스템을 구축하고 사물인터넷IoT은 물리 세계의 실체를 디지털 세계에 맵핑Mapping하여 현실의 물체와 가상의 물체를 연동시킨다. 인공지능은 전 세계 디지털 네트워크의 싱크탱크로서 '디지털 휴먼'을 창조한다.

AR은 디지털 세계와 물리 세계를 중첩시키고 5G네트워크, 클라우드 컴퓨팅, 에지 컴퓨팅Edge Computing은 더 장엄한 디지털 공간을 구축한다. 이 단계에서도 이전과 마찬가지로 완전히 새로운 형태의 '킬러 애플리케이션'들이 나타나고 파괴적 혁신Disruptive Innovation으로 작용하는 위대한 경제조직들이 탄생할 것이다.

블룸버그 인텔리전스Bloomberg Intelligence는 전 세계 메타버스 시장 규모가 2024년에 8,000억 달러에 달할 것이라고 예상했다. 메타버스는 정보의 상호작용은 물론이고 경제 분야에서의 상호작용도 실현한다. 그리하여 고도로 디지털화, 스마트화된 완전한 순환 경제 시스템을 형성할 것이다. 그리고 최종적으로는 디지털 경제와 실물 경제의 융합을 실현할 것이다. 메타버스 내 디지털 경제, 즉 메타버스 경제는 다음 네 가지 특징을 보인다.

하나, 스마트 경제다. 스마트 경제는 블록체인 스마트 계약에 기반한 새로운 경제 패러다임이다. 블록체인은 협력 프로토콜이면서 결제 네트워크다. 블록체인 스마트 계약을 바탕으로, 사람과 사람('디지털 휴먼' 포함), 사람과 사물, 더 나아가 사물과 사물도 번거로운 절차 없이 신뢰할 수 있는 경제 협력을 빠르게 진행할 수 있다. 이 밖에도 블록체인은 아토믹 스왑atomic swap 방식으로 디지털 세계에서 증권·대금 동시 결제DVP, delivery versus payment를 실현했다. 신뢰를 보증할 제3자의 존재가 필요 없어진 셈이다. 양측 모두 신용 리스크를 걱정하지 않아도 되므로 거래 비용도 대폭 줄어든다.

둘, 베니핏 경제다. 코로나바이러스의 확산은 세계경제의 모습을 완전히 바꿔놓았다. 밖으로 뻗어나가던 경제는 안으로 퇴행하기 시작했다. 메타버스는 이런 상황을 뒤엎고 젊은 층에 새로운 기회를 제공해 다 함께 잘 사는 사회를 만들 것이다. 또한 저개발 지역이나 저개발 국가에도 기회를 나눠줘 인류 공동운명체를 이룰 것이다. 예를 들어 팬데믹으로 막다른 길에 몰렸던 수많은 필리핀인이 블록체인 게임 엑시 인피니티Axie Infinity 덕분에 적잖은 수입을 거뒀다. 또 메타버스에서는 '디지털 금융'이 '낮은 진입장벽, 저비용, 고효율'의 스마트 금융서비스를 제공할 것이다. 금융서비스에 대한 접근성과 편의성이 높아지면 모두가 균등하게 경제 활동에 참여할 기회를 얻고 성장의 혜택을 공정하게 분배받는 포용적 성장Inclusive Growth을 할 수 있다.

셋, 크리에이티브 경제다. 디지털 콘텐츠는 메타버스를 이루는 중요한 요소 중 하나다. 메타버스는 크리에이터가 이끌어가는 세계다. 메타버스 이용자는 디지털 콘텐츠의 소비자이자 창조자이며 전파자다. 이들은 프로슈머Prosumer 커뮤니티 문화에 기반한 새로운 발전 모델을 만들어 나간다. 예를 들어 로블록스 개발자들이 거둔 수익은 2021년 1분기에 이미 1.2억 달러에 달해 동기 대비 167%나 성장했다. 크리에이티브 경제는 비즈니스적 가치와 문화적 가치를 동시에 지녀, 메타버스 경제의 성장을 촉진할 뿐만 아니라 디지털 문화의 황금기를 불러올 것이다. 또 디지털 세계에서 만들어진 작품의 가치가 점차 사회의 인정을 받을 것이며 NFT에 담길 것이다.

넷, 데이터 경제다. 쉽게 말해 데이터 경제는 현실 세계의 물리적 거래를 데이터의 흐름으로 바꾸는 것이다. 메타버스에서는 '디지털 부동산', 아이템, 장비부터 알고리즘 모형, 데이터 자원까지 모두 가치 있는 디지털 자산이 되고 시장에서 공정가액을 형성하게 된다. 데이터를 시장경제 체제에 따라 거래할 수 있게 만들면 데이터의 가치가 극대화된다. 데이터는 메타버스에서 가장 중요한 자산이자 생산요소가 될 것이다.

미래에는 모든 것이 NFT화될 것이다. 또한 많은 자산이 증권형 토큰Security Token 방식으로 메타버스에 맵핑될 것이다. 자산을 디지털 세계로 옮겨 가치의 유통과 증대를 실현하면, 자산의 유동성과 거래 범위를 확대하고 거래비용과 문턱을 낮춰 자산의 가치를 극대화할 수 있다. 앞으로 10년은 메타버스 발전의 황금기이자 가상자산 즉, 디지털 부의 황금기가 될 것이다. 혁신의 태동기가 다시금 열리고 있다. 새로운 기회의 창窓이 열리고 있다.

2장
미중 갈등 속
국내외 경제 전망

불확실성이 지배하는 경제환경, 어떻게 헤쳐나갈 것인가

류덕현(중앙대학교 경제학부 교수)

2023년 한국경제에 대한 전망은 세계경제 전망의 불확실성이 어느 정도 해소되느냐에 따라 매우 다른 그림이 펼쳐질 가능성이 높다. 지난 2020년부터 근 3년 동안 지속되고 있는 코로나바이러스로부터의 회복 여하에 따라 한국경제 전망 역시 반등과 정체의 갈림길에 놓일 가능성이 높다. 특히, 가파르게 상승한 물가를 잡을 수 있을지 여부는 스태그플레이션으로 가느냐 여부에 중요한 신호가 될 것이다. 한국경제와 세계경제의 전망을 결정하는 주요 키워드는 인플레이션, 한국과 미국 등 중요국가들의 거시경제정책, 글로벌 공급망의 변화 양상과 복원 여부,

그리고 중국의 시진핑 체제 3기의 등장 등이다.

먼저, 한국경제는 코로나바이러스로부터의 회복 흐름이 조정되는 시기를 여전히 지나고 있다는 것이다. 위축됐던 내수는 거리두기 완화와 소상공인 지원책 등으로 회복 흐름을 보이고 있으나 공급 측의 문제들은 충분히 해결되지 못하면서 물가가 급등하고, 그것이 다시 거시경제 전반의 불확실성을 키우는 상황이다. 2023년 한국의 거시경제 전망도 이 불확실성을 이해하는 데에서 출발해야 할 것이다. 또한 한국과 글로벌 거시경제의 불확실성 역시 핵심은 공급충격에 있다고 할 수 있다. 공급충격은 단기적으로는 코로나바이러스 회복기의 수급 불균형, 중장기적으로는 세계화의 후퇴와 공급망 재편이다. 이로 인한 부작용은 높은 인플레이션이다. 따라서 정책당국 입장에서는 선택의 폭이 제한될 수밖에 없다. 미국의 높은 인플레이션에 대한 대응 정책은 세계경제와 한국의 거시경제에도 큰 영향을 주게 된다. 긴축적 통화정책과 인플레이션 감축법으로 표현되는 재정정책의 성공 여부는 한국경제에 대한 불확실성을 보다 줄여줄 것이다. 한국의 통화정책은 미국의 고금리-강달러 정책으로 인해 선택의 여지가 많지 않다. 재정정책 역시 긴축기조를 잡고 있는 현 정부의 기조가 경기침체 방지와 고물가 억제의 두 마리 토끼를 잡는 데 적절한지 여부를 고민해 볼 필요가 있다.

40년 만에 찾아온 반갑지 않은 손님, 인플레이션에 대한 원인, 대응, 그리고 향후 전망은 초미의 관심사이다. 미국을 위시한 전 세계 모든 국가들이 대인플레이션 시대를 다시 목도하고 있다. 이는 수요 측 요인과 공급 측 요인 모두에서 찾을 수 있으며 그 대응 역시 이에 기반하여 내려져야 한다. 우선 팬데믹으로 위기로 인한 경제봉쇄와 글로벌 공급망 비작동이 공급 측 요인 중 제1의 요인이다. 제품 생산을 위한 원자재 공급에서부터 생산 물품에 대한 운송에 이르기까지 전 세계는 '재래식 위기'(사람이 모이지 않고 사람이 제품을 운송하지 못하는)에 의해 글로벌 공급망이 붕괴되는 것을 목도하였다. 여기에 더해 2022년 러시아-우크라이나 전쟁은 에너지 가격의 급등을 초래하여 공급 측 요인을 더욱 가중시켰다. 다음 수요 측 요인은 연준의 막대한 양적완화, 정부의 확장재정정책, 그리고 부의 효과 등이다. 정책으로 대응할 수 있는 부분이 있고 없는 부분이 있다. 글로벌 공급망 회복 등은 한 국가 홀로 복원할 수 없는 일이다. 더욱이 지정학적 요소를 동반한 국지적 전쟁 등은 국제연합이 섣불리 개입하여 해결하기도 힘든 일이다. 따라서 남는 것은 중앙은행의 역할을 통해 물가안정을 기대할 수밖에 없는 일이다. 인플레이션의 안정화 여부는 중앙은행의 정책 방향, 정부의 재정정책에 대한 공조, 국제유가 동향, 식료품 가격 동향 등에 크게 달려있다고 볼 수 있다.

에너지 시장은 미국과 중국 간 경쟁 및 러시아와 서방의 갈등에 의해 만들어진 신新냉전이라는 배경 하에 원유를 비롯한 에너지 가격이 과거와는 달리 하방경직적인 뉴 노멀을 형성한다는 것이 주요한 특징이다. 과감하게 전망하자면 과거 50달러대 유가는 이제 더 이상 기대할 수 없고 80~120달러 구간에서 새로운 균형을 형성할 것이다. 그 근거로는 미국의 셰일가스발 석유생산 증가세 약화, 코로나바이러스로 인한 석유생산 공급망 미복원, 인플레이션 감축법안과 같은 신재생에너지 투자정책 방향 전환 등이다. 또한 OPEC+(기존의 OPEC+러시아) 역시 과거와 같은 50달러대의 유가를 원치 않아 석유 증산에 대한 인센티브가 약하다. 결국 국제유가의 향배는 미국을 비롯한 서방의 외교 노력에 달려있기는 하나 신냉전 속 사우디아라비아와 러시아가 이끄는 OPEC+ 정책에 크게 영향을 받을 것이다.

글로벌 공급망에 대한 이해는 보호주의의 진영화라는 측면에서 이해할 필요가 있다. 복잡하고 다양한 여러 동맹체들 가령, 미국·일본·인도·호주 간 협의체Quad, 미국·EU무역기술위원회TTC, 인도태평양경제프레임워크IPEF, 미주파트너십APEP 등이 왜 형성되며 이것이 글로벌 공급망에 미치는 영향, 그리고 한국의 대응은 어떻게 되어야 하는가 등이 최근 안보와 경제의 이중주를 이해하는 데 필요하다. 미국 중심의 여러 협의체의 결성 이면에는 오프쇼어링, 니어쇼어링nearshoring, 리쇼어링reshoring*, 프렌드쇼어링 등의 글로벌 공급망의 재편 방향과 가치사슬별 특징을 잘 이해할 필요가 있다. 한국은 어떤 태도를 지녀야 할까? 양자택일이라는 단면적 이분법에서 벗어나 우리가 가진 강점을 갖고 가치사슬별로 최적의 파트너와 일관되고 원칙 있는 국제협력을 통해 살길을 헤쳐 나가야 할 것이다.

마지막으로 중국 시진핑 체제 3기의 등장은 과연 성공할 것인가? 중국경제의 성패는 세계경제와 한국경제에 미치는 영향이 심대하므로 이에 대한 전망 역시 한국경제 전망에 필수적인 요소이다. 2023년에 시작될 중국 시진핑 3기는 대내적으로 강한 경제력과 사회적 형평을 이룩하고 대외적으로 글로벌 초강대국으로 자리 잡은 상태를 의미하는 사회주의 현대화 강국을 이룩하기 위해 지속적인 성장과 분배 개선을 동시에 이룩하는 것을 천명하고 있다. 그것이 바로 '쌍순환'과 '공동부유' 노선이다. 지속성장을 위한 쌍순환 전략은 세계 공장 역할을 하면서 경제성장을 이끌어 왔던 국제대순환과 내수증대를 특징으로 하는 국내대순환 전략을 지칭한다. 공동부유 노선은 소득

---

* 비용 절감을 이유로 해외로 나간 자국 기업이 다시 국내로 돌아오는 현상을 말한다. 자국 기업이 해외로 이전하는 오프쇼어링과는 반대되는 개념이다.

분배 정책을 강화하고자 하는 새로운 슬로건이다. 이 공동부유 노선 전략의 성공은 쌍순환 중 국내대순환과 밀접하게 연결되어 있다. 즉, 소득분배 개선을 통해 내수 활성화가 지속성장의 밑거름이 되는 식으로 연결되어 있다. 성장과 소득분배의 개선을 동시에 달성하는 것은 모든 정부, 정권의 바람이다. 기업과 노동의 관계, 산업구조, 국영기업의 개혁, 조세재정체계 등 사회경제 전면적인 성공적인 개혁이 동시적으로 이룩될 때 가능한 것이 성장과 분배의 선순환 구조이다. 시진핑 3기 체제는 이 모든 것을 극복할 수 있을까?

01 2023년 한국의 거시경제 전망

하준경(한양대학교 경상대학 경제학부 교수)

2023년 한국의 거시경제는 세계경제의 불확실성이 지속되는 가운데 조정기를 맞게 될 가능성이 크다. 코로나바이러스로부터의 회복 흐름이 잦아들면서 경제가 새로운 균형을 모색하는 시기라고도 할 수 있다. 인플레이션이 안정되면서 경기가 연착륙할 수도 있고, 경기가 침체되면서 물가가 안정될 수도 있고, 최악의 경우 물가는 잡지 못한 채 경기가 악화하는 스태그플레이션으로 갈 수도 있다. 이 세 시나리오 중 무엇이 현실화될 것인지를 결정하는 요인들로는, 첫째, 글로벌 공급망 상황의 전개 방향, 둘째, 미국 등 주요국 거시경제정책의 효과성을 꼽을 수 있다.

물론 국내 정책당국의 대응 방식도 중요한 변수가 될 것이다.

2023년은 코로나바이러스로부터의
　회복 흐름이 조정되는 시기

2022년 8월 기준, 국내 거시경제는 코로나바이러스로부터의 회복 흐름을 이어가고 있다. 특히 방역 조치 해제와 함께 일자리 상황이 많이 개선됐다. 주목할 점은, 고용 상황이 미국처럼 타이트한 수준에 도달했다는 사실이다. 빈 일자리vacancy는 팬데믹 이전보다 더 늘어나 '일손이 부족하다'는 말이 나오게 됐고, 실업률은 3% 이하로 내려갔다. 취업자 수는 상용직을 중심으로 전년 대비 80만 명대의 높은 증가세를 기록했다. 명목임금은 1~5월 중 전년 동기 대비 5.9% 상승했는데, 이중 상용직의 임금은 6.3%가 올랐다.

　2022년의 경제성장률은 연초에 예상했던 수준보다는 다소 낮아질 것으로 보이지만 대체로 잠재성장률을 웃도는 경로로 가고 있으며(한국은행 전망은 2.5%), 물가는 5%대의 높은 상승률이 예상된다. 무역수지는 높아진 국제 원자재 가격과 중국의 제로 코로나 봉쇄 조치 등으로 인해 여러 달 적자를 보였고, 경상수지도 흑자가 줄어들 것으로 보인다.

　대체로 거시경제의 성장 경로는 코로나바이러스 회복기에

예상할 수 있는 모습을 보이고 있다. 그러나 국내외 공급망이 원상 복구되지 못한 데 따른 수급 불균형 문제는 세간의 예상보다 길게 지속되고 있다. 특히 러시아-우크라이나 전쟁과 맞물린 글로벌 공급망 불안은 물가와 환율 불안으로 연결되고 있으며, 그에 따라 금리도 빠르게 오르는 모습을 보였다.

요약하면, 팬데믹으로 인해 위축됐던 내수는 거리두기 완화와 소상공인 지원책 등으로 회복 흐름을 보이고 있으나 공급 측의 문제들은 충분히 해결되지 못하면서 물가가 급등하고, 그것이 다시 거시경제 전반의 불확실성을 키우는 상황이다. 2023년 한국의 거시경제 전망도 이 불확실성을 이해하는 데에서 출발해야 할 것이다.

| 한국과 글로벌 거시경제 불확실성의 핵심 문제는 공급충격

작금의 거시경제 불확실성 문제의 핵심은 공급충격이다. 공급충격은 단기적으로는 코로나바이러스 회복기의 수급 불균형, 중장기적으로는 세계화의 후퇴와 공급망 재편을 말한다. 단기적 요인들은 노동 시장에서 단적으로 나타나고 있다. 코로나바이러스 확산기에 해고됐거나 일을 그만두었던 노동자들이 회복기가 됐다고 해서 원상태로 바로 돌아가기는 쉽지 않다. 예컨대 해고됐던 항공사 직원이 일손이 모자란다고 해서 원래 자리로 복귀하지는 않는 모습들이 관찰된다. 이 상황에서 항공사는 항공 편수를 늘리기 어려우므로 가격 인상으로 대응하게 된다. 미국을 비롯한 여러 나라에서 일손 부족 현상이 쉽게 해결되지 않는 모습이다.

이에 더해 세계화의 후퇴는, 미중 갈등, 코로나바이러스 이후 안전성 중시 공급망 재편 등의 흐름에 따라 단기에 끝나지 않을 이슈로 자리 잡고 있다. 특히 러시아-우크라이나 전쟁은 공급망 문제를 충격적인 방식으로 증폭시키고 있다. 정치적 요인들이 경제적 이슈를 좌우하게 되면서 공급망의 불확실성은 더욱 커졌다. 전 지구적 차원에서 관찰되는 정치 패권 경쟁은 기술 패권 경쟁과 맞물려 장기화될 가능성이 크다. 최근 옐런 미국 재무장관이 강조하고 있는 '프렌드쇼어링'은 경제적 효율성뿐 아니라 정치적 안전성, 추구하는 가치 등도 공급망 재편에서 중요한 고려 요소가 됨을 보여준다. 효율성 이외의 요인들이 중요해질수록 비용은 올라가기 쉽다. 이는 지난 30여 년간 지속된 세계화와 저물가 흐름이 변곡점을 맞고 있을 가능성을 시사한다.

이와 같이, 단기적 수급 불균형과 글로벌 공급망 문제가 맞물려 공급 충격의 강도와 지속성을 키우고 있다. 그리고 그 부작용이 높은 인플레이션으로 나타나고 있다. 물가상승이 공급 충격에 크게 기인한다는 사실은 정책당국 입장에서는 선택의 폭이 제한될 수밖에 없음을 의미한다.

| 인플레이션에 대한 미국의 정책 대응

미국이 높은 인플레이션에 어떤 정책으로 대응하는지는 세계경제, 그리고 한국의 거시경제에도 큰 영향을 주게 된다. 미국 연준과 재정당국의 정책을 각각 살펴보자.

우선 미국의 통화정책을 보면, 연준은 정책의 신뢰성을 높여 인플레이션 기대를 통제하는 데 주력하고 있다. 사실 연준은 2021년에 인플레이션 초기 대응에 실기했다는 평가를 받으면서 시장의 신뢰를 회복할 필요성이 매우 커진 상황이다. 예컨대 파월 의장은 2021년 여름 잭슨홀 미팅에서 '인플레이션이 일시적'이라고 설파하면서 금리 인상은 먼 훗날의 일인 것처럼 시장에 메시지를 전달하였으나 오래지 않아 '일시적'이라는 '스토리'는 시장에서 신뢰를 받지 못하는 처지가 됐다.

일단 신뢰가 훼손되면, 신뢰 회복을 위해 행동과 발언을 더 강하게 할 수밖에 없다. 미 연준은 2022년 들어 강한 긴축 메시지를 던지며 연속적인 자이언트 스텝, 즉 0.75%포인트 금리 인상을 행동으로 옮기게 됐다. 2022년 잭슨홀 미팅에서는 파월 의장이 큰 폭의 금리 인상 필요성과 함께 경기 위축의 고통을 감내하고서라도 물가를 잡겠다는 의지를 보였다. 1980년대 폴 볼커 의장을 연상시키는 '견뎌내기keep at it'라는 구절까지 연설에 활용하고 있다.

연준의 이러한 정책 대응이 시장의 완전한 신뢰를 얻고 있는지는 아직 미지수다. 객관적으로 2022년 8~9월의 상황을 보면, 2~3%대의 정책금리로 8%대 인플레이션을 잡는다는 것이 쉬워 보이지는 않는다. 일단 강한 의지를 드러내는 커뮤니케이션 전략을 우선적으로 쓸 수밖에 없고, 신뢰를 얻기 위해서라도 상당한 수준의 행동이 뒤따라야 하는 상황이다. 현재로서는 연준이 물가안정에 대한 강한 의지를 지속적으로 표출하고 있고 행동에도 적극적이라는 점에서 인플레이션 기대가 1970년대처럼 통제 불가한 수준으로 발산하지는 않을 것이라는 견해가 많다.

그러나 신뢰 회복을 통한 인플레이션 기대 통제라는 연준의 전략은, 공급망 문제가 어느 정도 해결되어 과거 폴 볼커 의장 시절처럼 20%대 금리 인상까지 가지 않아도 되는 유리한 상황이 조성되어야 바람직한 성과를 거둘 수 있을 것이다. 만약 연준의 전략이 실패하는 상황이 발생한다면 글로벌 거시경제의 안정은 더 어려워지고 정책의 비용은 더 커질 수밖에 없다. 연준의 성패 여부는 한국의 거시경제에도 큰 영향을 주게 될 것이다.

다음으로 인플레이션에 대한 미국의 재정정책 대응은 '인플레이션 감축법'에 잘 요약되어 있다. 인플레이션 감축법은 3천910억 달러 규모의 에너지 부문, 기후변화 대응 재정지출과 2천380억 달러의 재정적자 감축, 기타 의료보장 지원 등으로 구성된 총 7천380억 달러(1030조 원)의 계획을 담고 있다. 바이든 정부가 출범 직후 추진했던 지출안보다는 축소된 패키지이지만

기후변화와 의료보장 등에 대한 획기적인 투자 계획이라고 볼 수 있다. 기후변화 대응을 보면, 2030년까지 온실가스 배출을 2005년 대비 40% 감축하도록 했다. 이는 산업정책일 뿐 아니라 공급능력의 적극적 확충을 통해 에너지 부문의 인플레이션 압력을 낮추기 위한 정책이기도 하다. 재정적자 감축은, 재정지출 축소가 아닌 대기업 등에 대한 증세를 통해 추진하고 있다는 점에서 전반적으로 정부의 적극적 역할을 중시하는 접근법이라고 할 수 있다.

바이든 정부의 옐런 재무장관은 재정 확대를 통한 수요 증진이라는 '고압경제high pressure economy' 전략을 활용했고, 공급 측 병목현상으로 인플레이션이 발생하자 공급 문제를 1980년대 방식의 감세와 규제 완화보다는 에너지 산업정책 등 정부의 적극적 정책을 통해 해결하려고 하고 있다. 이 전략은 '현대공급측경제학modern supply-side economics'이라고도 불린다. 이러한 적극재정 전략은 미국 중심의 공급망 문제 해결, 달러 강세를 통한 원자재 가격과 수입 물가 부담 완화와 함께 시도되고 있다.

이와 같은 적극적 인플레이션 대응 정책은 과거와 같은 통화금융 중심의 거시정책 패러다임보다는 정부가 재정을 통해 불확실성에 적극 대응하는 기조가 지배적이 될 가능성을 보여준다. 따라서 이러한 새로운 환경에 한국이 어떻게 적응하고 대응하느냐가 2023년 거시경제의 향방을 결정하는 데 중요한 역할을 하게 될 것이다.

| 한국의 통화정책과 재정정책, 환경 변화에 적응 필요

미국의 통화정책과 재정정책은 한국도 금리 인상 기조를 유지할 수밖에 없게 만들고 있다. 미국의 정책은 모두 달러 강세를 용인하는 방향이므로 환율의 과도한 상승을 우려하는 한국으로서는 정책 대응에서 선택의 여지가 제한될 수밖에 없다. 미국뿐 아니라 중국의 거시정책도 한국의 선택을 제약하고 있다. 특히 중국과의 무역에서 흑자가 줄어들어 외화 흐름 측면에서 문제가 생기면 환율 부담은 더 커질 수 있다. 이 상황에서는 한국은행이 시장의 신뢰를 잃지 않고 일관되게 정책을 수행해야만 정책의 비용을 최소화하면서 거시경제의 안정을 도모할 수 있다.

또 재정정책을 보면, 한국의 경우 미국과는 달리 증세를 통한 적자 감축보다는 감세를 하면서도 대규모 지출 구조조정을 병행하여 적자 감축을 꾀한다는 특징이 있다. 이는 보수적 재정 운용이 중시되던 시기에 많이 활용되던 접근법이다. 긴축재정은 통화 완화와 결합할 경우 환율 상승을 통해 수출증대와 무역흑자를 도모하는 정책이 될 수 있다. 그러나 지금은 완화적 통화정책이 쉽지 않고, 환율 상승도 물가 불안을 부추기는 등 부작용이 크기 때문에 긴축재정을 통해 내수와 성장을 유지하면서 거시경제도 안정시키는 것이 쉽지만은 않은 환경이다.

따라서 통화정책과 재정정책의 적정 조합을 모색하려는 노력은 환경 변화에 맞춰 끊임없이 이루어져야 할 것이다. 특히 재정정책은 전 세계적 산업정책 경쟁, 기술패권 경쟁, 에너지 문제 해결, 환경 변화에 따른 취약계층 보호 등 여러 과제를 동시에 다루어야 한다는 전환기적 도전을 맞고 있다.

2023년 한국의 거시경제는 국내 정책이 환경 변화에 맞게 원만히 집행되고, 주요국의 거시정책이 신뢰를 잃지 않으면서 글로벌 공급망 문제들이 원만히 해결될 경우 잠재성장률인 2% 근처에서 연착륙할 수 있을 것이다. 이때 인플레이션도 통제 가능한 범위에 들어오고, 고용도 증가세는 둔화하더라도 안정적 수준을 보이게 될 것이다. 그러나 주요 변수들 중 정책의 신뢰, 공급망 문제 등의 리스크가 커질 경우에는 거시경제의 불안도 예상 밖으로 커질 가능성이 있음에 항상 주의해야 할 것이다.

02 | 부활한 매파 연준, 긴축행보는 계속될 것인가

김형우(미국 어번대학교 교수)

| 매파로 돌아선 연준의 최근 행보

2022년 들어서 미국의 중앙은행인 연준Fed, Federal Reserve System 의 매파 행보가 무서울 정도로 몰아치고 있다. 연준은 2008년 금융위기 이후 경기부양을 위해 소위 제로금리로 대변되는 시장친화적 비둘기파dovish 정책을 줄곧 펴오다 2015년 말부터 통화정책의 정상화를 위해 조금씩 금리인상을 추진했다. 그러나 2020년 코로나바이러스 경제위기가 발생하자 그간의 행보에서 완전히 돌아서서 3월 한 달에만 무려 150bp(1.5%포인트)의 이자율 인하를 단행하면서 다시 제로금리로 돌아섰던 그들이다.

그러던 연준이 2022년 들어 3월의 25bp, 5월의 50bp 이자율 인상에 이어 6월, 8월, 9월에 75bp 인상이라는 소위 자이언트 스텝을 연속 세 번 단행하며 목표이자율FFR, federal funds rate 구간을 9월 말 3~3.25% 수준으로 끌어올렸다. 최근에 발표된 점도표dot-plot 중간값median을 살펴보면 이러한 행보가 당분간 지속될 것으로 보인다. 즉 2022년에 남은 2번의 연방공개시장위원회 회의에서도 이자율을 크게 인상하여 연내 기준금리가 4.4% 수준으로 상승할 것으로 예상되고 있다. 도대체 무엇이 연준을 변화시켰으며, 이러한 긴축행보는 언제까지 계속될 것인가?

| 인플레이션과 연준의 통화정책

사실 첫 번째 질문에 대한 대답은 간단하다. 연준은 지속적인 경제성장과 안정적인 물가라는 두가지 목표를 동시에 추구하는 소위 이중책무Dual Mandate를 기본원칙으로 한다. 2022년 9월 미국경제는 낮은 실업률과 높은 인플레이션으로 특징지어진다. 따라서 연준은 인플레이션을 잡기 위한 긴축 정책에 초점을 맞추고 있는 것이다.

실제로 코로나바이러스 위기로 인해 무려 14.7%까지 치솟았던 실업률은 적극적 부양 정책과 보건 정책 완화 등에 힘입어 급격히 하락하였고, 2022년 8월에는 3.7%라는 1960년 이후 역대 최저 수준을 보이고 있다. 신규 실업수당 청구 건수 역시 22만 건 수준으로 낮게 유지되고 있어 노동 시장 여건은 대체로 양호한 상태를 보이고 있다. 다만 실질 국내GDP가 2022년 2/4분기에 연률 1.71% 증가율에 머무는 등 최근 눈에 띄는 성장률 하락세가 나타나고 있지만, 미국경제가 완전한 경기하강 내지는 침체기에 들어서고 있는 것인지에 대해서는 아직 명확한 판단을 내리기가 힘들다고 할 수 있다.

반면 최근 전 세계가 경험하고 있는 높은 인플레이션은 이를 미연에 방지하지 못한 중앙은행뿐 아니라 학계에도 많은 반성의 성찰을 일으킬 만큼 놀랍고도 강력한 것이었다. 2008년 시작된 금융위기 이후 오랫동안 저低성장 저低인플레이션 기조가 계속되며, 이러한 현상이 뉴 노멀New Normal이라는 패러다임으로 규정되었다. 이를 반영하며 인플레이션에 대한 두려움은 도외시되고 저성장 국면에서 보다 더 공격적인 부양정책을 요구하는 목소리가 많이 등장하였다. 일례로 독점적 발권력이 주어진 현대 정부는 세수확대나 국가부채 조절 등에 따른 제약없이 공격적 정부지출 확대를 통해 경기부양에 나서야 한다는 다소 극단적 정책을 요구하는 현대통화이론MMT, Modern Monetary Theory 도 이와 함께 등장했던 것을 상기해볼 필요가 있다.

그러나 2021년 이후 등장한 인플레이션은 이러한 논의들을 무색하게 하는 큰 충격으로 다가왔다. 두차례의 석유파동oil shock으로 촉발되었던 1970년대의 높은 인플레이션이 당시 연준 의장이었던 폴 볼커(1979~87 재임)의 적극적 인플레이션 억제 정책으로 진정된 이후 미국은 오랜 기간 평균 3%를 하회하는 안정적인 저인플레이션의 시대를 경험했다(그림 2-1 참조). 그러나 2021년 이후 2022년 9월까지 평균 6%에 육박하는 고高인플레이션이 발생하고 있는데 이는 과거 1970년대의 7.7% 평균 인플레이션에 맞먹는 수준이다. 다만 당시 인플레이션에 적극적으로 대처하지 못했던 연준 의장 아서 번스(1970~78 재임)나 윌리엄 밀러(1978~80 재임)와는 달리 현 제롬 파월 의장은 폴 볼커의 정책과 유사한 공격적 긴축 정책을 펴고 있는데, 이는 실물부문이 아직은 튼튼하다는 믿음 하에서 인플레이션을 잡는 데 정책 역량을 우선 집중하겠다는 점에서 이중책무와 부합한다고 할 수 있다. 다시 말해서 최근 연준의 급격한 매파적 정책 행보는 1970년대의 실수를 되풀이하지 않겠다는 강력한 의지의 표현으로 이해할 수 있다. 그렇다면 앞서 언급한 두 번째 질문, 이러한 매파 행보는 언제까지 계속될 것인가에 대해 생각해보도록 하자.

[그림 2-1] 미국 인플레이션 추이

(전년대비 증가율)

■■■■ 소비자 물가 지수: 미국 도시 평균의 모든 항목

■■■■ 소비자 물가 지수: 미국 도시 평균의 식료품 및 연료를 제외한 모든 항목   자료: 연방준비제도

| 고인플레이션의 지속가능성과 향후 경기 전망

잘 알려진 바와 같이 인플레이션은 유가의 급격한 상승이나, 전쟁 혹은 자연재해로 인한 생산시설 파괴 등 공급부문의 충격으로 인한 비용인상형 인플레이션과, 경기의 과열 등으로 인해 재화 및 서비스에 대한 수요의 급격한 증가가 가격상승을 이끌게 되는 수요견인형 인플레이션으로 나누어지는데 현재의 인플레이션은 이 두 가지 요인이 복합적으로 작용하여 발생한 것으로 볼 수 있다.

특히 코로나바이러스 위기로 인해 글로벌 공급망이 붕괴되고, 러시아-우크라이나 전쟁이 길어지면서 원유 및 원자재

primary commodities 시장에서의 공급 교란이 발생하는 등 공급부문에서 발생한 충격이 최근 전 세계가 경험하고 있는 인플레이션의 주요 원인으로 지적되고 있다. IMF가 추계하여 발표하는 세계상품지수Global Price Index of All Commodities는 2020년 2/4분기 이후 2년 동안 무려 146% 상승하였으며, 미국생산자 물가지수Producer Price Index of All Commodities 역시 2021년 후반 이후 연 20%에 육박하는 상승률을 보이다 최근 그 상승세가 다소 둔화되고는 있으나, 여전히 공급부문 충격에 따른 인플레이션 압력은 적지 않은 것으로 생각된다.

그러나 공급부문의 교란은 시장이 적극적으로 대응할수록 빨리 해소된다는 점을 생각해볼 필요가 있다. 연준 등 중앙은행들이 통화정책을 펼칠 때 가변성이 높은 에너지 및 농수산물(식량) 가격을 제외한 근원 소비자물가지수core CPI를 주로 참조하는 이유도 같은 맥락에서 이해할 수 있다. 더구나 인플레이션에 대응하기 위해 미국 연준이 초강력 매파 정책을 펼침에 따라 미국 달러화 가치가 2008년 위기 이후 최고점을 보이는 등 초강세를 나타내고 있는데, 이러한 강强달러 현상이 향후 상품 가격의 안정화 달성에 큰 역할을 할 수 있다는 점 역시 주목해야 한다.

세계 상품 시장global commodity markets에서 금, 원유, 밀 등의 원자재는 오직 달러로만 거래된다. 국제결제통화인 달러 환율이 인상된다면, 환율 상승으로 인한 비용은 고스란히 원자재 가격에 반영된다. 상품 가격이 상승한다면 해당 상품의 수요는 감소하기 마련이다. 그러므로 미국 달러화 가치와 상품 가격 간 음(-)의 상관관계가 발생하는 경향이 있다. 다시 말해 연준의 이자율 인상이 달러화 강세를 초래하고 이로 인해 상품 가격 급상승을 통한 비용인상형 인플레이션이 잦아들 가능성이 있다.

이러한 논거하에서 향후 상품 가격 전망을 살펴보기 위해 상품가격 동학의 전문가로 주목받는 루츠 킬리안Lutz Kilian(댈러스 연은 수석고문)의 세계 실질경제활동지수Index of Global Real Economic Activity를 살펴보자. 이 지수는 달러로 거래되는 국제상품 패널의 운송 가격dry cargo shipping rate에 기초해서 만들어진 데이터로, 글로벌 시장에서 상품에 대한 수요를 예측하는 데 도움이 되는 지수로 알려져 있다. 이 지수를 살펴보면 2021년 후반기 이후 그 상승 추세가 완연히 꺾인 것을 확인할 수 있으며, 국제 원유 시장을 살펴봐도 두바이유, 브렌트유, WTI유(서부 텍사스산 원유)를 가리지 않고 유가상승이 전반적으로 안정국면으로 접어들었음을 볼 수 있다. 따라서 비용인상형 인플레이션 압력 또한 어느 정도 진정되어 가고 있는 것으로 보인다. 그러나 러시아-우크라이나 전쟁으로 인한 국제적 자원 분쟁, 예를 들어 유럽의 에너지 위기와 같은 많은 암초가 여전히 도사리고 있기에 이에 대한 견제를 늦춰서는 안 될 것이며, 공급 충격을 통한 인플레이션 압력은 언제든 다시 큰 위기로 다가올 수 있다는 점을 잊지는 말아야 할 것이다.

수요측면의 인플레 압력은 어떤가. 2020년 코로나바이러스 위기 이후 미국 정부는 공격적이고도 선제적인 확장적 재정 정책을 펼쳤다. 코로나 구호법안CARES Act, Coronavirus Aid, Relief, and Economic Security Act을 통해 3차에 걸쳐서 긴급재난지원금을 지원했고, 민주, 공화 양당의 초당적 합의를 바탕으로 사회인프라 투자 법안The Infrastructure Investment and Jobs Act을 이끌어내는 등 연방정부 차원의 정책 대응이 위기 극복에 큰 역할을 했다. 통화정책의 역할도 무시할 수 없었다. 정책금리의 정상화로 가고 있던 행보를 과감히 포기하고 제로금리로 복귀하는 등 경기부양을 위해 연방정부와의 정책 조율을 이뤄냈다. 이러한 공격적이고도 조화로운 정책 행보로 미국경제는 어느 나라보다 빠른 회복세를 보였다고 할 수 있지만, 결국 이것이 수요견인형 인플레이션 압력으로 돌아왔다고 할 수 있다. 따라서 수요부문을 통한 인플레이션 전망은 향후 미국 경기의 전망에 대한 질문과 궤를 같이 한다고 할 수 있다.

2022년 들어서 미국의 실질경제성장률은 1/4분기에 전년동기대비 3.53%, 2/4분기 1.70%로 2021년의 강력한 회복세에 비춰 상당히 실망스러운 모습을 보이고 있다. 뒤에서 다시 다루겠지만 이러한 상대적인 저성장 추세가 경기과열에서 안정화로 가는 과정으로만 볼 수는 없으며, 실질적인 경기하강 국면의 시작일 가능성도 적지 않은 것으로 생각된다.

그러나 공급부문의 교란이 계속되는 등의 요인으로 높은 인플레이션이 지속될 경우, 이를 잠재우기 위해서 연준이 현재 취하고 있는 매파적 정책 행보가 당분간 유지될 가능성도 적지 않다. 실제 2022년 9월 발표된 점도표에 따르면 올해 두 차례 공격적 금리 인상이 이어지고, 내년에도 소폭의 추가 금리 인상이 이루질 것으로 예상된다. 그러나 2024년에 들어서 소폭의 금리 인하가 이루어질 수 있다는 전망들을 미루어볼 때, 현재와 같은 매파 정책이 유지된다 하더라도 그 스탠스가 점차 약화될 가능성도 분명히 있을 것이다.

뒤에서 다시 논의하겠지만 연준은 앞으로 더 어려운 상황을 직면할 것으로 생각된다. 시장에서 이미 관측되고 있는 장단기 금리역전 현상에서 예상되듯이 경기하강 가능성이 대두되고 있는 동시에 인플레이션 압력이 완전히 제거되지 않은 상태에서 물가안정과 경기부양이라는 두 정책목표 간 트레이드 오프 trade-off가 연준에게 실질적 제약으로 다가올 가능성이 높다. 그럼 다음 장에서 시장참가자들의 향후 경제전망에 대해 좀더 자세히 살펴보도록 하자.

| 시장 참가자들의 향후 경제전망

현재 및 향후의 경제 상황에 대한 시장 참가자들의 전망을 살펴보기 위해 우선 필라델피아 연준이 1968년부터 민간부문 전문가들에 대한 설문조사를 통해 구축해 온 SPF Survey of Professional

Forecasters 3/4분기 보고서를 살펴보도록 하자. [표 2-1]에서 볼 수 있듯이 민간부문 전문가들은 최근 들어 경기에 대해 상당히 부정적인 전망으로 돌아선 것으로 생각된다.

실질GDP의 경우 2/4분기 보고서에 비해 새로 나온 3/4분기 보고서에서는 추후 성장률 전망이 모두 1%포인트 정도 낮은 수준으로 조정이 된 것을 볼 수 있다. 코로나바이러스 위기 이후 급속한 회복기를 보이던 경기가 다시 냉각될 것으로 시장이 판단하고 있는 가운데, 이런 저성장 기조가 내년 하반기까지 이어질 것으로 예측이 되고 있는 것이다. 반면, 작년의 경우 실업률이 급속히 낮아지며 고용이 크게 증가하는 등 노동 시장 여건이 급속히 개선되었는데, 올해의 경우 경제성장률이 큰 폭으로 하락할 것으로 예상됨에도 불구하고 실업률 전망에는 큰 차이가 없는 특이한 점을 발견할 수 있다.

이는 코로나바이러스 위기 이후 최근에 관측되고 있는 소위 대량 퇴직 현상Great Resignation이나 조용한 사직Quiet Quitting 등과 관련되어 이해할 수 있을 듯하다. 다시 말해서 낮은 성장률과 낮은 실업률의 공존현상은 코로나바이러스 위기 이후 낮아진 노동 시장 참가율에 적어도 부분적으로 기인하는 것으로 생각된다. 또한 조용한 사직이 의미하는 바와 같이 취업자들이 직업을 유지하되 최소한의 업무만 수행하는 특이한 현상이 종종 관측되고 있는데, 이는 실업률은 현재 상태를 유지하지만 노동생산성은 낮아진다는 점에서 저성장과 저실업률이라는 현재의 특이한 상황을 이해하는 데 도움이 될 것이다. 실제로 비농업 노동생산성이 2022년 1/4분기에 연률 기준 7.4% 하락한 데 이어 2/4분기에도 4.1% 연속 하락했다. 다시 말해서 단순히 실업률이 낮다는 이유만으로 경기가 여전히 좋다는 주장을 펴기는 어려운 듯하다.

[표 2-1] SPF 거시변수 예측(2022년 8월 보고서)

	실질GDP (%)		실업률 (%)		고용 (천명/월)	
	전분기자료	현분기자료	전분기자료	현분기자료	전분기자료	현분기자료
2022 3/4분기	2.5	1.4	3.5	3.5	293.7	342.5
2022 4/4분기	2.3	1.2	3.5	3.7	193.2	167.9
2023 1/4분기	2.1	1.1	3.5	3.8	158.0	89.0
2023 2/4분기	2.3	1.5	3.5	3.9	61.3	96.6
2023 3/4분기	N.A.	1.5	N.A.	4.0	N.A.	80.7

자료: 필라델피아 연준, 중간값(median forecasts)

또 다른 민간부문 경제 예측 보고서인 리빙스턴 서베이Livingston Survey의 6월 보고서 역시 경제성장률 전망을 큰 폭으로 하향조정했다. 작년 동 보고서는 실질GDP가 2022년 전반기에 3.9%, 그리고 후반기에 3.5% 성장할 것으로 전망했으나, 올해는 이를 각각 0.5%와 2.1%로 전망했다. 실업률의 경우 앞서 본 SPF 전망과 유사하게 낮은 수준을 유지할 것으로 보고 있다는 점에서 민간부문에 저성장과 저실업률의 공존에 대한 공감대가 광범위하게 형성되어 있음을 알 수 있다.

시장 참가자들의 이러한 경기둔화에 대한 기대는 설혹 공급 부문 교란이 지속되는 등의 이유로 인플레이션이 제어되지 않을지라도 연준의 공격적인 매파 정책에 제동이 걸릴 가능성이 높음을 시사한다. 다음에서 살펴볼 민간 및 CBO Congressional Budget Office(미국 국회예산처)의 보고서에 따르면 향후 인플레이션이 안정화될 것으로 보는 예상이 지배적인 듯하며, 따라서 이 경우 더 이상의 공격적 매파 정책을 수행하는 것에 대해서 연준은 큰 부담을 가지게 될 것으로 생각된다.

[표 2-2]에서 볼 수 있는 바와 같이 민간부문과 공공부문 모두 2021년 발생한 높은 인플레이션율이 2022년을 기점으로 점차 안정화될 것으로 보고 있는 듯하다. 경기침체 이후 나타난 보복소비에 따른 수요견인형 인플레이션이 경기둔화 가능성이 대두함에 따라 잦아들 것으로 예상되며, 글로벌 공급망 붕괴와 러시아-우크라이나 전쟁 관련 정치적 역학 관계에 따른 비용인상 인플레 요인이 내년에는 진정될 것으로 기대 섞인 전망이 대두되는 것으로 보인다. 특히 공급측 요인 인플레이션을 직접적으로 반영하는 생산자물가PPI, Producer Price Index 인플레이션이 2023년 이후 진정될 것으로 기대되며, 따라서 소비자물가에 대한 이전효과pass through에도 제동이 걸릴 것으로 예측된다.

[표 2-2] 미국 인플레이션 전망(%)

	SPF		Livingston Survey		CBO	
	CPI	Core CPI	CPI	PPI	CPI	Core CPI
2022	7.5	5.9	7.6	13.2	6.1	5.1
2023	3.2	3.1	3.8	4.2	3.1	3.3
2024	2.5	2.5	N.A.	N.A.	2.4	2.6

자료: 필라델피아 연준(SPF August Report, Livingston Survey June Report), CBO May Report

추가로 이러한 공식 보고서와 더불어 금융 시장의 데이터를 통해 시장의 경제전망을 유추해보도록 하자. 10년 만기 재무성채권T-Note 수익률에서 3개월 만기 채권 수익률을 차감한 장단기 이자율 스프레드long-short interest rate spread(이자율 기간구조)의 경우 민간의 경기변동 및 인플레이션 변화에 대한 예측 및 기대를 반영하는 것으로 잘 알려져 있다. 2020년 코로나바이러스 위기 이후 꾸준한 상승 추세를 보이던 장단기 스프레드는 올해 4월 1.98% 정점을 찍은 이후 급락하는 추세를 보이며 조만간 마이너스 값을 보일 가능성이 크다. 10년 만기 수익률과 2년 만기 수익률의 스프레드의 경우 올해 7월 이후 이미 음(-)의 값을 보이고 있다. 잘 알려진 바대로 이러한 장단기 금리역전 현상은 경기 침체의 가능성이 높음을 의미한다는 점에서, 이는 연준의 매파 행보에 제약점으로 작용할 가능성이 적지 않다고 할 수 있다.

기대 인플레이션BEI. Break Even Inflation은 기업, 가계 등 경제

주체들이 예상하는 미래의 물가상승률을 말한다. BEI지수는 시장의 예상 인플레이션을 추정하는 데 매우 유용한 데이터인데, 2020년 이후 꾸준히 상승하던 추세가 2022년 4월 이후 하락 양상을 보이고 있다. 다시 말해서 금융 데이터에 나타난 시장의 인플레이션 기대는 지금과 같은 고인플레이션 현상이 오래 지속되지 않을 것으로 예상하고 있는데 이는 앞서 살펴본 장단기 금리역전 현상과 더불어 경기침체에 대한 시장의 우려를 반영하는 것으로 생각된다.

리스크 프리미엄의 지표로 사용되는 무디스Moody's의 Baa 등급 회사채 수익률과 무위험자산인 10년 만기 재무성채권 수익률의 차이spread도 유사한 우려를 반영하고 있다. 코로나바이러스 위기 발생과 더불어 크게 치솟았던 이 스프레드는 2022년까지 꾸준하게 하락하는 추세를 보였으나 이후 다시 상승세로 돌아서서 시장의 경기침체에 대한 우려를 보여주고 있다. 우량기업 관련 무디스의 Aaa 등급 회사채 대비 스프레드 역시 유사한 패턴을 보이고 있어, 시장이 인지하는 기업 관련 리스크가 증가하고 있음을 반영하는 것으로 생각된다.

| 연준의 정책 행보, 우려반 기대반

미국경제는 코로나바이러스 위기라는 전무후무한 경제위기에서 벗어남과 동시에 1980년 이후 겪어보지 못했던 높은 인플레이션을 경험하고 있다. 코로나바이러스 위기가 경제의 수요부문과 공급부문에 동시에 발생한 충격에 기인했던 것처럼, 현재의 인플레이션도 공급망 붕괴나 국제적 분쟁 등에 기인한 공급 측 비용인상형 인플레와 함께 경기회복으로 인한 수요견인형 인플레이션이 복합적으로 작용하고 있는 현상이라 할 수 있다.

안정적 물가와 지속가능한 경제성장을 동시에 추구하는 연준은 아직 경제의 기초체력이 튼튼하다는 판단 하에 공격적인 이자율 인상이라는 강력한 매파 정책을 펼치고 있다. 러시아와 유럽 간의 분쟁과 같은 추가적 위기 상황이 가속화되지 않을 경우 공급부문의 교란에 기인한 비용인상형 인플레이션 압력이 약화될 것으로 기대되지만, 금융 시장에서 관측이 되고 있는 장단기 금리역전 현상 등 경기둔화의 조짐이 나타나고 있다는 점은 또 다른 위기의 전조 상황일 수 있다는 점도 간과해서는 안 될 것이다.

2022년 9월까지 자이언트 스텝을 세 차례나 연달아 추진할 만큼 경기에 대한 자신감이 있었던 연준이었으나, 경기둔화 가능성을 시사하는 지표가 계속 확인되고 있어 그 매파 행보의 입지가 점점 좁아지고 있다. 연준이 앞으로 어떤 정책디자인을 통해 경제 연착륙을 이끌어낼 지에 대한 우려 섞인 기대를 해본다.

03 | 신냉전과 에너지 시장의 뉴 노멀

황병진(NH투자증권/리서치본부 FICC리서치부장)

코로나바이러스 여파 속 경제 활동 마비로 폭락했던 원자재 시장, 특히 에너지 시장은 2020년 하반기부터 상승 반전해 지금까지 2년 이상 강세를 지속해왔다. 전 세계적인 수요 위축 우려가 한동안 가격 하방 압력을 높인 반면 끝나지 않는 전염병 여파가 생산과 물류 차질, 인력 부족 등 공급망 이슈를 대두시킨 결과다. 이는 전 세계 공급이 수요를 따라가지 못하는 실물 수급상 공급 부족Deficit 상황을 지속시켜 석유, 천연가스를 비롯한 원자재 시장 전반의 가격 상승세를 용인했다.

게다가 러시아-우크라이나 전쟁으로 폭등한 2022년 국제

유가와 여타 원자재 가격 강세는 더 이상 경기 회복 기대가 아닌 인플레이션, 나아가 스태그플레이션 경계심을 대두시켰다. 2014년 이후 처음 배럴당 100달러를 상회한 국제 유가는 전년 대비 100% 이상 급등했고 천연가스, 석탄 등의 여타 에너지들도 일제히 가격 레벨을 높였다. 동 기간 구리, 알루미늄 등 산업 금속과 농산물(옥수수, 콩, 밀 등) 등의 원자재들도 생산자 물가 부담을 반영, 과거 대비 높은 수준에서 형성되기도 했다.

　한편 중앙은행들의 공격적인 긴축이 원자재 시장의 '나 홀로 강세'를 일부 제어하기는 했다. 그러나 인플레이션을 억제하기 위한 빅 스텝, 자이언트 스텝 등의 공격적인 기준금리 인상은 잠재적으로 가파른 수요 위축 가능성을 높이고 경기 침체 우려를 동반했다. 반대로 자산 시장에서 형성되는 과도한 경기 침체 공포는 빈번하게 공격적인 긴축 마무리, 기준금리 인하 등 통화정책 완화 기대를 높이기도 했다. 경기 침체를 각오한 중앙은행들의 긴축이 원자재 가격 상승 폭을 제어하고는 있으나 브레이크를 밟을 시 오히려 통화정책 완화로 해석돼 기대 인플레이션 상승을 부추길 수 있다. 이는 공격적인 긴축에도 불구한 원자재 가격 하락 폭을 제한하고 다시 자산 시장 전반에서 인플레이션이라는 키워드를 대두시키는 고질적인 고민을 던지고 있다.

｜ 신냉전, 에너지 시장은 단기적으로 공급자 우세 전망

러시아-우크라이나 전쟁을 둘러싼 러시아와 서방 갈등, 미국과 중국 간 경쟁 등은 정치 지정학적으로 새로운 냉전을 예고한다. 지난 30년 이상 경제 성장세를 주도해온 세계화의 종식은 경제적, 정치적 그리고 인도적 비용을 발생시킨다. 이 같은 탈세계화 기류는 대부분 자산에서 부정적인 영향을 미칠 가능성이 크다. 상대적으로 원자재 시장에서는 과거 대비 타이트해지는 실물 수급이 가격 측면에서 일정 부분 수혜가 될 것이다. 이는 한동안 배럴당 50~60달러 수준의 국제 유가가 적정하다고 인식해온 소비자들이 다시 100달러 수준에 적응해야 하는 또 다른 시각의 뉴 노멀로 인식될 것으로 판단된다.

중국의 개방과 소련 붕괴가 맞물린 20세기 말부터 글로벌 경제는 냉전 종식, 즉 세계화에 따른 양적 그리고 질적 성장세를 만끽해왔다. 중국의 값싼 노동력과 풍부한 러시아산 원자재 공급이 다국적 기업들의 생산 원가를 낮춰 인플레이션 억제와 동시에 장기 금리의 상방경직성을 높여왔기 때문이다. 게다가 기업들의 조달 비용을 낮춘 명목 금리의 장기적인 하락세는 성장을 위한 투자 확대로도 이어졌다.

한편 미국과 중국, 러시아 등의 갈등으로 초래되는 신냉전 속에서는 과거 정치적 이념보다 경제적 이해관계를 위한 블록화로 원자재 공급 사슬에서도 변화가 불가피하다. 러시아산 에너지와 금속, 농산물 수입을 제재한 유럽이 아프리카, 아시아 등으로 공급선 다변화를 도모하는가 하면 중국, 인도 등이 주요 러시아산 에너지 수입국으로 부각되고 있다. 그로 인한 물류, 인건비 등의 상승은 높은 인플레이션을 고착화시키고 원자재 조달 비용 상승에 따른 투자 위축을 초래한다. 또한 원자재를 생산하고 수출하는 국가들에서는 높은 가격을 보장받기 위한 자원민족주의가 만연할 수밖에 없다. 이 같은 신냉전 여파는 석유와 가스뿐만 아니라 원자재 시장 전반에서 가격 하락 가능성을 제한하고 다시 과거 대비 높은 가격 레인지를 형성할 수밖에 없다고 판단된다.

| 당분간 배럴당 50달러대 유가는 잊어라!

신냉전 속 원자재 시장에서는 WTI유, 브렌트, 두바이 등의 유가도 배럴당 80~120달러 구간에서 새로운 레인지를 형성할 전망이다. 러시아-우크라이나 전쟁으로 고조된 미국과 러시아 간의 갈등이 서방과 친미 국가들에서 러시아산 석유 의존도 축소로 전개되는 가운데 전 세계 석유 공급 사슬에서도 변화가 불가피하기 때문이다.

셰일오일Shale Oil 등 비전통 유전에서 석유 생산을 확대, 2015년부터 배럴당 50달러대 저低유가 시대를 열었던 미국의 에너지 정책은 더 이상 작동하지 않는 모습이다. 장기 탄소중립 Carbon Neutral을 목표로 '청정에너지 혁신'을 강조해온 바이든 행정부의 화석연료 투자 규제가 미국 내 산유량 증가세를 제어해 왔기 때문이다. 또한 코로나바이러스로 인한 수요 위축, 즉 침체로 퇴출된 수많은 생산자들의 귀환 가능성도 인플레이션 억제를 위한 공격적인 긴축, 높은 금리 부담으로 쉽지 않은 상황이다. 게다가 인플레이션 감축 법안도 석유 생산 장려를 위한 규제 완화보다는 에너지 전환 가속화를 위한 신재생에너지 투자에 초점을 맞추고 있다.

　미국의 국제 유가 결정력이 약화됨에 따라 다시 전 세계 석유 시장의 핵심 축은 사우디아라비아, 러시아 등이 이끄는 OPEC+로 이동했다. 그동안 미국과의 군건한 동맹을 자랑해온 사우디아라비아, 아랍 에미레이트U.A.E. 등은 50달러대 저유가로의 회귀를 원하지 않는다. 러시아의 우크라이나 침공 직후 배럴당 130달러선까지 치솟은 유가에서는 이들도 석유 시장 안정화를 위한 증산增産 공조를 강화했다. 반면 경기침체에 따른 수요 위축 우려로 100달러를 하회한 유가가 80달러선까지 후퇴한 상황에서는 재차 석유 시장 안정화를 목표로 생산량 축소, 즉 감산減産 정책을 꺼내 들었다.

　2015년 이후 저유가 국면에서는 셰일오일을 무기로 석유 시장의 핵심 축을 거머쥔 미국이 선호하는 배럴당 45~65달러 수준이 적정 유가로 인식된 바 있다. 이제는 OPEC과 러시아를 비롯한 동맹국들, 즉 OPEC+를 이끄는 사우디아라비아가 선호하는 유가 수준을 주목해야 한다. GDP의 80% 이상이 에너지에서 창출되는 사우디아라비아가 석유를 팔아 벌어들이는 이익, 즉 오일머니가 순 유입되는 국제 유가 환경이 장기화될 수 있다는 의미다. 또한 석유를 팔아 나라 살림을 꾸려가는 사우디아라비아의 재정이 마이너스가 나지 않는 수준, 즉 재정 균형 유가(배럴당 약 80달러)가 향후 OPEC+ 공급 정책의 가이드 라인이 될 것임을 예고하기도 한다. 더불어 2022년 7월 바이든 대통령의 중동 순방에도 사우디아라비아가 흔쾌히 증산 선물을 내놓지 않은 것도 이 같은 맥락에서 해석이 가능하다.

 미국을 비롯한 서방의 외교 노력에 달려 있기는 하나 신냉전 속 전 세계 석유 공급은 사우디아라비아와 러시아가 이끄는 OPEC+ 정책에 좌우될 것이다. 2015년 이후 저유가 국면에서 오일머니 축적이 어려웠던 탓에 향후 공급 정책은 주요 산유국들의 재정 균형 이상의 유가 안정화를 목표로 할 가능성이 크다. 장기 유가는 배럴당 80달러선의 하방을 방어하되 100~120달러 이상으로 가파르게 상승하지 않는 수준에서 형성될 것으로 예상된다. 즉 신냉전 속 유가는 배럴당 80~120달러 구간에서 박스권 등락을 거듭하는 상황을 지속할 것으로 전망된다. 동 기간 오일머니 축적이 가능해진 중동 중심의 산유국들에서는 배럴당 120달러 이상으로 유가가 급등하는 것을 막기 위한 신규 유전 투자도 다시 고려될 것으로 기대된다. 이는 2015년 이후 미미했던 중동 산유국들의 에너지 플랜트 발주도 가능케해 국내 기업들에도 일부 기회가 될 수도 있다.

한편 석유 소비국들도 신냉전 속 공급 사슬 변화에 발 빠르게 적응할 필요가 있다. 서방의 제재에도 러시아산 석유가 국제 시장에서 퇴출되지 않은 데는 중국의 공급선 다변화, 즉 러시아산 수입 확대가 한몫했다. 쿼드Quadrilateral Security Dialogue(미국·일본·인도·호주 4자 간 협의체)와 IPEF(인도·태평양 경제 프레임워크) 참가국으로 미국과 안보 파트너인 인도도 경제적으로는 러시아와 협력을 강화해 인플레이션 급등에 대응하기도 했다. 석유를 비롯한 원자재 생산(공급)국들의 국제 사회 영향력이 커지는 가운데 신냉전 하에서 정치·경제적으로 중립을 표방하는 소비국들이 많아질 것으로 예상된다.

| 세계적인 에너지 대란, 미국 천연가스 시장의 성장세 강화

러시아-우크라이나 전쟁은 석유뿐만 아니라 천연가스, 석탄 등 에너지 시장 전반에서 공급 불확실성을 높였다. 천연가스 공급을 무기로 한 러시아의 도발이 유럽을 중심으로 전력난을 심화시키는 가운데 독일을 비롯한 유럽 국가들은 러시아산 천연가스 의존도를 축소하기 위한 정책이 시급하다. 장기적으로는 풍력, 태양광 등 신재생 에너지가 대안이 될 수 있으나 당장 발등의 불을 끄기 위해서는 미국산 LNG(액화천연가스) 공급 확대만이 유일한 해결책이라고 판단된다. 동 기간 미국 천연가스 시장은 과거 10년 이상 동안의 불황에서 벗어나 구조적인 회복, 나아가 성장세를 강화할 전망이다.

2021년 상반기까지만 해도 100만BTU British Thermal Unit 당 10달러를 하회하던 유럽 천연가스(Dutch TTF 기준) 가격이 1년 만에 50달러를 넘어 100달러를 넘보고 있다. 동 기간 아시아 LNG(Japan-Korea Marker 기준) 가격도 50달러를 돌파해 대체재인 석탄(발전용 연료탄, NewCastle FOB 기준) 가격 급등세까지 동반했다. 이는 유럽을 넘어 중국을 비롯한 아시아 국가들에서도 2년 연속 동절기 전력난을 초래했다.

유럽, 아시아 등과 달리 미국 천연가스(Henry Hub 기준) 가격은 이제 100만BTU당 10달러에 도달했다. 코로나바이러스로 인한 침체 당시 1달러선까지 후퇴한 미국 천연가스 가격을 감안하면 10배 가까이 상승하기는 했다. 그러나 유럽과 아시아에서 거래되는 천연가스(PNG, LNG 모두 포함) 가격 대비로는 여전히 과도한 저평가 상태다. 이 같은 시장 간 가격 괴리, 즉 차익거래 Arbitrage Trading 기회가 금융 시장에서는 흔하지 않은 반면 PNG Pipeline Natural Gas 수요에만 의존해온 미국 천연가스 시장에서는 구조적인 공급과잉을 지속된 결과라고 할 수 있다.

해외 시장으로 LNG가 수출되기 시작한 2016년부터 미국 천연가스 산업에서는 새로운 수요처를 마련했다. 카타르와 호주를 제치고 미국이 세계 1위 LNG 수출국에 등극한 2021년 12월부터는 LNG 수출 낙관론이 미국 천연가스 시장의 불황 탈출을 예고하기도 했다. 더욱이 러시아의 도발에서 벗어나려는 유럽의 LNG 수입 확대 그리고 다변화는 미국 LNG 수출 낙관론의 원동력이 되어 미국 천연가스(Henry Hub 기준) 가격 강세까지 견인하고 있다. 결론적으로 유럽과 아시아 천연가스(또는 LNG) 가격이 장기적으로 하향 안정화되기 위해서는 미국산 LNG 수출 확대가 동반되어야 한다. 동 기간 LNG 수출 낙관론으로 미국 천연가스 가격이 상승하더라도 유럽과 아시아 천연가스 가격은 적정 수준까지 하향 안정화, 미국 천연가스 가격과의 차별화가 나타날 것이다.

단기적으로는 미국 텍사스주 Freeport LNG(미국 LNG 생산 및 수출 능력의 약 20%) 화재 여파 속 가동 중단 사태가 2022년 6월 이후 천연가스 가격 변동성을 초래한 또 다른 촉매다. 당초 계획보다 연기된 Freeport LNG의 11월 중순 재가동은 미국 천연가스 시장의 구조적인 성장 스토리를 재차 견인할 것이다. 동 기간 미국산 LNG 수입 차질 완화로 유럽과 아시아 천연가스 가격은 더 이상의 급등세를 제한할 것으로 기대된다. 다만 유럽과 아시아 천연가스 가격 하향 안정화는 2023년에도 점진적으로 시도될 것을 염두에 둬야 한다.

04 | 글로벌 공급망 재편과 한국의 선택

김양희(대구대학교 경제금융학부 교수)

| '보호주의 진영화'의 신시대가 온다.

자유주의가 종언을 고하고 보호주의 시대로 접어들었다. 하지만 지금의 보호주의는 전통적 보호주의가 변용된 '보호주의 진영화Blocification of protectionism'의 양상을 띤다.

패권국도 영원불멸하지 않고 흥망성쇠의 길을 걷는다. 폴케네디를 위시한 정치학자들은 패권 교체의 핵심 변수로 기술 패러다임 전환을 꼽는다. 결국 신기술을 움켜쥔 나라가 신 패자霸者가 되었다. 이를 잘 아는 미국은 민용과 군용 모두 가능한 첨단 '이중용도dual-use' 기술이 날로 확산되는 오늘날 경제력뿐 아니라 군사력도 좌우할 기술패권 경쟁에서 중국봉쇄에 사활을 걸었다. 코로나바이러스 팬데믹은 효율에 기반해 구축한 글로벌 가치사슬GVC, Global Value Chain상의 상호의존성이 무기화될 수 있음을 일깨웠다. 미국이 홀로 중국에 맞서 기술 및 데이터 보호에 나서기에는 상호의존성이 너무 커졌다. 이것이 의지도 능력도 예전 같지 않은 미국의 바이든이 전임자와 달리 동맹 복원을 외치며 가치 공유국들과 대중봉쇄의 스크럼을 짜는 까닭이다.

이에 글로벌 지정학적 단층선이 '미국 대 중국'의 양자 간 대립 구도에서 '미국 진영 대 중국 진영'의 소다자 간 대립 구도로 전환하는 '보호주의 진영화' 단계로 접어들었다. 설상가상, 러시아-우크라이나 전쟁은 미중 전략경쟁에서 비켜나 있던 EU가 안보위협을 절감하며 미 진영에 가세하고, 이들만큼의 응집력은 아니나 중국도 러시아를 비롯하여 일대일로 참여국·비동맹국 등과 진영화하는 도화선이 되었다. 최근 빈번히 인구에 회자되는 미국·일본·인도·호주 간 협의체Quad, 미국·EU무역기술위원회 TTC, 인도태평양경제프레임워크IPEF, 미주파트너십APEP 등이 바로 이것이다. 혹자는 이를 두고 신냉전 시대라고 명하나, 그리 보기엔 진영의 구분이 단단한 가치와 이념보다 정치·경제적 실리에 따라 가변적인 느슨한 것이다.

미국이 주도하는 '신뢰가치사슬 TVC'

바이든 정부는 2021년 2월 출범 직후 4대 핵심기술 품목(반도체, 대용량 배터리, 핵심광물, 의약품)의 공급망 100일 검토 보고서 작성을 지시하는 행정 명령을 내렸다. 그에 따라 2021년 6월 발표된 중간보고서는 미국의 공급망 재편을 위한 나침반이 되었다. 2022년 2월 발간한 최종보고서에서는 군수, 보건제약, 정보통신기술, 에너지, 운송, 농식품의 6대 분야가 핵심품목에 추가되었다. 미국은 이들 핵심품목의 공급망 재편 수단으로 국내에서 '전략적 산업정책'이라 칭하는 매머드급 산업정책을 부활시키는 한편 대외적으로는 품목별로 기존의 GVC에서 중국을 도려내고 우방과 공급망 새판짜기에 나서고 있다. 미국의 옐런 재무장관이나 지나 러몬도 상무부 장관 등은 자국의 글로벌 공급망 재편전략을 프렌드쇼어링이라고 말한다. 뜻이 맞는 '우방' 선별 기준으로는 '가치 공유'와 '신뢰'를 내세운다.

필자는 이를 미국의 '보호주의 진영화' 전략이 투사된 '신뢰가치사슬Trusted Value Chain' 구축으로 이해한다. 이때 '신뢰'란 제품의 품질·납기 등에 대한 경제적 신뢰와 외교안보적 신뢰를 동시에 함축한다 하겠다. 미국은 Quad, TTC, IPEF, 글로벌공급망회의 등에서 복수의 핵심품목을 동시다발적으로 다루거나, 반도체CHIP4, 핵심광물MSP, Minerals Security Partnership, 바이오 등 특정품목에 특화된 TVC 구축에도 앞장서며 중층적으로 반중

TVC를 쌓고 있다. 이런 흐름은 장기간 이어질 것이다. 단 미국 고위 관료들은 미국이 하려는 것이 디커플링이 아니라 리커플링 recoupling이라고 강조한다. 미 의도는 모든 공급망의 전면적인 디커플링이 아니라 핵심품목의 선별적 디커플링이다. 전자는 불가능할 뿐 아니라 불필요하기 때문이다. 다만 러시아-우크라이나 전쟁을 계기로 TVC 대상 품목이 물류, 금융, 에너지로 점차 외연이 확대되고 있다.

| 글로벌 공급망은 다양한 형태로 진화 중

그러나 GVC는 여전히 강한 존재감을 과시한다는 점을 간과하지 말아야 한다. 바이든 정부는 산업정책과 TVC를 양 날개 삼아 핵심기술의 리쇼어링을 통한 DVC Domestic Value Chain(국내 가치사슬)로의 비상을 꿈꾸나 한계는 분명하다. 일국으로의 지리적 편중이라는 점에서 DVC는 TVC보다 회복력도 낮다. 아이폰은 DVC의 한계를 잘 보여준다. 중국에서 전량 생산하는 아이폰에 미 정부가 10~25%의 고관세를 부과하고 오바마 정부가 리쇼어링 요청을 했음에도 애플은 이미 미국이 제조역량을 잃었다고 판단해 꿈쩍하지 않았다. 2020년 미국경제가 회복 기미를 보이자 팬데믹 와중에 거의 유일하게 세계의 공장을 가동시킨 중국은 오히려 대미 수출을 늘렸다. 가뜩이나 인플레이션과 싸워야 하는 형국에 가성비 좋은 중국산 없이 살기란 쉽지 않다. DVC가 가능하더라도 규모의 경제가 작동하지 않는 '각자도생'의 세계에서 DVC 구축 비용은 막대하다. 미국반도체협회SIA는 주요국이 각기 반도체 육성 경쟁에 나선다면 기업의 추가 투자 비용이 최소 1조 달러에 달해 반도체 가격의 35~65% 증가를 초래하고 수요산업인 전자제품의 가격 인상을 초래한다고 전망한다.

결국 GVC는 품목별로 네 가지로 분화하리라 본다. 효율을 중시하는 노동집약적 범용품은 GVC를 이어가되, 중국 수요를 겨냥한 품목은 중국 생산으로, 미국수출용 품목은 베트남, 인도네시아, 인도 등지로 이전될 것이다. 이 경우 다시 생산지의 지리적 편중이 초래할 공급망 리스크는 논외로 하자. 시장 접근성과 탈탄소화 중시 품목은 소비지에 인접한 RVCRegional Value Chain(지역 가치사슬)로 재편될 전망이다. DVC로 재편되는 경우는 위에 언급한 이유로 '산업 공유지industrial commons'가 경쟁력의 원천으로 존재하는 일부 품목에 국한될 것이다. DVC가 좀처럼 어려운 품목은 우선 TVC로 재편될 수 있다. 스위스 장크트갈렌재단의 무역 정책 분석가 칼리드 하르푸트Halit Harput에 따르면 지나 러몬도 장관은 프렌드쇼어링이 궁극적인 국내생산의 수단이라고 할 때도 있고 전자의 한계를 언급하며 양자의 '동시추진dual approach'을 언급하기도 한다. 이처럼 양자 간에 이론적인 구분은 가능하나 현실에서는 중첩되는 부분도 있어 명확한 품목 구분이 어렵다. 가치사슬별 작동원리와 주요 행위자는 GVC에 가까울수록 효율과 기업이며 TVC에 가까울수록 회복력과 국가다. 그만큼 TVC는 국가의 정책 역량이 중요해진다.

[표 2-3] 글로벌 공급망의 재편 방향과 가치사슬별 특징

가치사슬 (재편 방향)	주요 품목	협력공간	작동원리	관여자
GVC (off-shoring)	노동집약적 범용품 (예: 섬유, 의류, 가전 등)	세계	효율 ⇕ 회복력	기업 ⇕ 국가
RVC (near-shoring)	시장접근 중시 및 탈탄소화 품목 (예: 자동차, 신선야채 등)	지역		
DVC (re-shoring)	내재화 가능한 이중용도 핵심 기술 품목 (예: 반도체, 배터리, 원자력, 미사일)	국내		
TVC (friend-shoring)	내재화 곤란한 이중용도 핵심 기술 품목 (예: 반도체, 배터리, 핵심광물, 바이오)	세계		

자료: 김양희(2022) "한국형 경제안보전략의 모색과 IPEF", 외교안보연구소

| 미국 주도 TVC 성공은 당분간 기대를 접자!

최소한 기술한 10대 품목에서 TVC 구축 흐름은 장기간 이어질 전망이다. 그렇다면 미국이 주도하는 TVC 구축은 순조롭게 진행될까? 매사 의지가 성공을 보장하진 않는다. 이를 국가 대 국가, 국가 대 시장의 두 관계 측면에서 조명해보자. 전자는 국가 간 신뢰 구축이, 후자는 안보 논리와 경제 논리 간 균형과 조화가 관건이다. 하지만 바이든 정부의 여전한 미국우선주의 타성

을 보건대 전망은 밝지 않아 보인다. 바이든 정부는 최근 반도체지원법Chips and Science Act of 2022과 인플레이션 감축법Inflation Reduction Act of 2022 입법 과정에서 TVC를 적극 활용해야 함에도 정작 우방에 '신뢰'는 주지 못하는 행태를 보였다. 미국의 맹방이자 TVC 구축의 핵심 멤버인 한국과 일본의 깊은 상호불신에 미국은 골머리를 앓고 있다. 이뿐인가. 안보 논리가 경제 논리를 압도하는 현 상황이 언제까지 용인될지도 불투명하다. 안보를 명분 삼은 '공급망에의 리스크'는 '공급망으로부터의 리스크' 못지않다. 그것이 불가피한 안보를 위한 것인지 안보를 평계 삼은 것인지 분별이 어려울 때는 더욱 그렇다. 인텔은 반도체지원법이 오히려 기업의 경쟁력 약화 조치라며 반발하고, 미국 자동차혁신연합Allience for Automotive Innovation은 인플레이션 감축 법안의 배터리 생산용 핵심광물 및 부품의 미국 내 생산비율 규정은 비현실적이라고 불만을 토로하는 형국이다. 시장은 아직까진 미국 정부가 주도하는 TVC에 올라탈 준비가 되어 있지 않다. 미국이 TVC를 추구하는 의도와 방향은 분명하되 이상의 이유로 더디게 갈 공산이 커 보인다. 그럼에도 우리가 거부하기 어려운 장기 구조 변화의 초입에 들어선 것은 분명하다.

▎한국의 선택, 기회일까 위기일까

세계경제는 '보호주의 진영화' 시대로 접어들었다. 그러나 여기서 방점은 진영화가 아니라 보호주의에 있고 후자는 다분히 전자의 수단에 불과해 보인다. G7 정도만 제외하고는 진영은 유동적이고 가변적이다. 지금은 다자주의가 해체되고 자국이기주의와 각자도생이 난무하는 혼돈과 무질서의 시대다. 그 이유 중하나는 여전히 상호의존성이 강력한 시대이기 때문이다. 그러니 어떤 경우든 국제협력은 문제 해결의 상수가 되었다.

　한국은 어떤 길을 가야 할까? 뉴스 따라잡기에도 버거운 글로벌 공급망의 복잡한 재편 양상을, 미국 주도의 보호주의 진영화와 TVC 구축 전략이라는 시각으로 접근하면 한국이 진영간 곤혹스러운 양자택일이라는 단면적·이분법적 시각을 벗어나 복합적·입체적 접근을 시도할 가능성이 생겨난다. 거대한 파고를 피할 수 없다면 올라타는 것도 한 방법이다. 한국은 가치사슬별로 최적의 파트너와 일관되고 원칙 있는 국제협력을 시도할수 있다. 예컨대 디지털 전환과 그린 전환을 좌우할 첨단 이중용도 기술의 경우, 한국은 기술 강국이자 우방이 모인 TVC 참여가 불가피하다. 이를 통해 한국은 중국의 기술추격 저지, 기술개발 및 투자비 절감, 규모의 경제 추구, 미국 시장에의 접근성 확보 등을 기대할 수 있다. 이 분야에서는 점차 중국과 '헤어질 결심'을 해야 한다. 미중 기술패권 경쟁의 각축장이 될 TVC에서 탈중국을 각오하되 그로 인한 손실을 보호주의 진영화가 창출하는 기회 포착으로 상쇄하자. 마찬가지로 한국경제의 최대 리스크 요인인 중국과, 반도체 산업에서 강력한 경쟁자 대만이 없는 IPEF를 우리의 대중의존도 완화와 반도체 경쟁력 제고를 위해 활용해야 한다.

국내에서는 여전히 거대시장을 보유하고 매섭게 미국을 추격 중인 한국의 최대 수출시장 중국의 경제보복 우려가 적지 않다. 그러나, 바로 그 이유 때문에라도 다층적인 TVC 참여로 중국에 대한 집합적 협상력을 키워야 한다. 이에 우리에게 도움이 된다면 TVC에 적극 참여하되, 함께 참여하는 중견국과의 긴밀한 공조로 미중 사이에서 자율성을 확보하는 것은 TVC 합류 못지않게 중요하다. 이들 나라들은 미중 양강의 극한 대립과 일방에의 줄서기 강요, 자국이기주의를 공동으로 견제해야 한다. 단, 이는 양자에 대체 불가한 존재가 될 때 비로소 가능하다. 마지막으로, TVC의 존재감이 커질수록 유능한 국가의 역할이 어느 때보다 절실함을 강조하지 않을 수 없다.

05

중국 시진핑 3기의 전략과 시대적 과제, 과연 성공할 수 있을까

이현태(인천대학교 중국학과 교수)

2022년 10월 중국 공산당은 20차 당대회를 열고 5년간 중국을 이끌 지도부를 결정하였다. 그 결과 2023년 중국에서는 시진핑 3기 시대가 시작된다. 시진핑 3기는 공산당의 장기 목표인 2049년 전면적인 사회주의 현대화 강국으로 나가기 위한 장정을 본격 시작하는 시기다. 중국은 이 사회주의 현대화 강국이 부강하고, 민주적이고, 문명적이고, 조화롭고 아름다우며, 모든 인민의 공동부유共同富裕와 중화민족의 위대한 부흥이 이룩된 사회라고 설명한다. 즉 사회주의 현대화 강국은 대내적으로 강한 경제력과 사회적 형평을 이룩하고 대외적으로 글로벌 초강대국으로 자리 잡은 상태를 의미한다. 따라서 중국이 이 목표를 달성하기 위해서는 지속 성장과 분배 개선이 동시에 필요하다. 과연 시진핑 3기는 이를 위한 첫걸음을 성공적으로 내딛을 수 있을까? 중국은 최근 '쌍순환'과 '공동부유'이라는 두 전략을 정립하면서 여정을 시작하였다.

| 지속 성장을 위한 쌍순환 전략

쌍순환 전략은 미중 경쟁 등 외부 위기에 대한 대응하는 지속 성장 전략이다. 개혁개방 이후 중국은 해외 시장 및 자원을 활용하고 세계의 공장 역할을 수행하면서 경제성장을 이끌어 왔다(국제대순환). 그러나 미중 경쟁이 격화되면서 미국은 중국산 제품에 고율의 관세를 부과하고 중국 기업의 대미 투자를 제한하기 시작했다. 또한 첨단 중간재의 대중 수출을 금지하고 핵심 기술 유출도 엄격히 관리한다. 이로써 중국경제는 수요 측면에서 수출에, 생산 측면에서 기술 발전에 타격을 받는다. 이 충격을 완화하기 위해 중국은 국내대순환을 주체로 국내-국제대순환을 상호 촉진한다는 쌍순환 전략을 내세웠다. 방점은 국내시장을 중심으로 하는 국내대순환에 있다. 수출 감소에는 내수 증대로, 기술 유입 제한에는 자체 기술 발전으로 대응하겠다는 것이다. 물론 쌍순환 전략이 자급자족형 폐쇄경제를 의미하지 않는다. 내수 증대는 강력한 중력장重力場이 되어 국제대순환을 촉진할 것이다. 결국 쌍순환 전략의 성공을 위한 토대는 자체 기술 발전과 내수 증대이다.

중국은 이미 2011년 12차 5개년 계획(2011~15)에서 '내수 주도 경제로의 전환'을 밝히면서 소비 촉진 정책을 펼친 바 있다. 당시 2007~8년 글로벌 금융위기 이후 수출이 부진하자 내수 확대로 신성장 동력을 마련하고자 하였다. 다만 중국이 이번 쌍순환을 통해 꺼내든 내수 확대 정책은 이전과 다르다. 중국은 2015년부터 추진해온 우수한 제품 생산을 위한 기업 개혁 정책(공급 측 구조개혁)을 내수 확대 정책과 결합시키고자 한다. '질 좋은 공급이 높은 수준의 수요를 창출하고 높은 수준의 수요가 질 좋은 공급을 창출한다'는 양자의 상승 관계를 강조하고 있다. 대외 경제와의 연결 고리가 약화된 상황에서는 고부가가치 상품과 기술에 대한 국내 공급과 국내 수요가 상호 결합되어야 한다는 논리다. 이로써 그동안 분리되어 추진된 수요 확대와 공급 개혁이 통합적으로 연계되어 선순환을 형성한다. 국내 경제의 수요와 공급이 결합되면서 국내대순환을 이루는 것이다. 이렇게 형성된 강대하고 매력적인 국내 시장은 외부 자원을 끌어들이면서 국제대순환을 유도한다.

기술 측면에서 보면, 그간 중국이 첨단기술을 습득하는 주요 방법이 적극적인 해외투자M&A, 외자기업의 유입, 자체기술 개발이었으나 선진국에 대한 해외투자는 미중 분쟁으로 더 이상 쉽지 않다. 따라서 중국은 매력적인 국내 시장을 형성시켜 외부에서 스스로 들어오게 하고자 한다. 특히 미중 분쟁의 본질은 기술 패권 경쟁이기에, 중국은 외부의 첨단기술 요소들을 들여오고자 노력할 것이다. 최근 금융시장 개방, 첨단산업에 대한 외자 우대 조치의 유지 및 강화, 외국인 투자 네거티브 리스트의 축소, 커촹반科創板(과학혁신판) 개설 등의 정책이 이에 부합한다. 결국 외부 환경의 악화 속에서도 자신의 강력한 국내 시장을 활용하여 외부 요소를 유입시키면서 기술과 산업의 자립 발전을 이루겠다는 목표다. 기술 발전이 지속 성장의 기본 토대이자 미중 경쟁의 핵심 요소라는 것은 두말할 필요가 없다.

| 분배 개선을 위한 공동부유 노선

개혁개방 초기 덩샤오핑은 일부 사람·기업·지역이 먼저 부를 이룬 후 그렇지 못한 나머지를 이끌어 나간다는 선부先富-공부共富의 선순환을 제시하였다. 중국이 분배를 유보하고 성장을 과감하게 추진하게 된 계기였다. 그러나 개혁개방 40년 이상이 경과한 지금, 중국에서 선부가 공부를, 성장이 분배를, 부자가 빈자를 이끌고 있다고 말하기 어렵다. 오히려 경제 사회적으로 성장의 피로감과 분배의 악화가 중첩되어 있다. 중국은 2020년 기준 지니계수가 0.468로 이를 정도로 소득불균형이 심각하다. 중국의 소득불평등은 도농 간, 지역 간, 기업 간, 자본-노동 간 격차가 중첩되어 있는데, 가장 두드러지는 불평등은 도농 간 소득격차다. 2020년 1인당 가처분소득 기준 도시민과 농촌 주민의 상대격차는 2.6배, 절대 격차 26,703위안이었다. 연해 지역과 내륙지역 간 격차도 심각하여, 1인당 GDP 기준 2020년 상대격차 2.0배, 절대격차 52,708위안이었다. 도시 국유기업과 민영기업의 평균 임금 차이로 본 기업 간 격차는 상대격차 1.87배, 절대격차 57,727위안이었고, 기업 내 자본-노동 간 격차를 나타내는 노동소득분배율(국민소득에서 노동자의 임금 소득이 차지하는 비율)은 2020년 기준 51.3%를 기록했는데, OECD 주요국 평균인 61%보다 약 10%포인트 낮은 수준이다. 다만 지니계수, 도농 간 소득 격차, 자본-노동 격차 등의 추이를 보면, 중국의 상대적 소득 격차는 2010년대 다소 호전되는 모습이다(2008년 중국의 지니계수는 0.491로 정점을 찍었다가 2020년 0.468로 떨어졌다). 즉, 관련 지표들은 '절대 격차'는 지속적으로 상승하되, '상대 격차'는 2010년대에 완만히 줄어드는 양상을 보여준다. 중국이 최근 상대 소득격차라도 완화시키고 있다는 것도 대단한 성과이다. 산업화 과정에서 국가의 불평등 정도는 처음에 증가하다가 산업화가 일정 수준을 지나면 다시 감소한다는 쿠츠네츠의 역逆 유(U)자형곡선과 일치하는 결과이기도 하다. 그러나 2050년 사회주의 현대화 강국을 꿈꾸는 중국이 만족할 만한 상태는 아니다. 중국이 전면적인 소득분배 개선을 내세우면서 '공동부유 노선'

을 시작한 이유다.

2021년 이후 중국 공산당은 공동부유의 원칙과 추진 방향을 제시하고 실천하고 있다. 원칙으로는 '공유제 경제의 공동부유에서의 역할 강화'와 '선부先富의 후부後富 지원 역할 강조'가 제시되었다. 시진핑 시대에 들어 강화되고 있는 국유부문의 역할이 공동부유 노선에서도 유지되고, 거대 민영기업의 사회 환원을 통한 분배도 강제될 거라는 예측이 가능하다. 또한, '단계적, 점진적 추진', '복지주의 함정 경계'라는 항목을 제시함으로써, 공동부유 정책이 대약진운동처럼 급진적 개혁으로 나가지는 않을 거라는 점도 암시하였다. 추진 방향으로는 저소득층에 대한 사회보장 강화, 중등 소득계층 확대, 고소득층에 대한 소득세 개선·사회 환원 독려가 제시되었다. 공동부유를 위해 저소득층을 지원하여 중등 소득계층으로 이동시키며, 이를 위한 재원은 고소득층에 대한 과세와 기부를 통해 마련하겠다는 의미다.

| 성장과 분배의 선순환 혹은 악순환

쌍순환 전략은 대외환경 악화에 대한 지속 성장 전략이며, 공동부유 노선은 대내불평등 악화에 대한 분배 전략이다. 그런데 쌍순환 전략의 핵심인 내수 확대를 위해서는 소득불평등 완화가 필요하다. 공동부유 노선으로 소득불균형을 완화하면, 내수도 동시에 확대되면서 국내대순환의 동력이 된다. 공동부유를 통해 확대된 내수는 성장으로 이어지고 성장의 과실은 개선된 분배구조를 통해 다시 공동부유 증대로 이어진다. 이렇듯 공동부유 노선과 쌍순환 전략이 선순환하면 지속 성장과 분배로 이어진다. 이런 의미에서 두 전략은 내수를 통로로 성장-분배를 동시에 달성하고자 하는 종합적 경제 전략으로 볼 수 있다. 전략의 성공은 두 전략이 성장-분배의 선순환을 이룩할 수 있느냐에 달려 있는데, 결국 공동부유를 통한 소득불평등 해소가 선순환을 위한 핵심이다. 중국은 두 전략의 선순환을 통해 성장 유지와 분배 개선이라는 두 가지 난제를 함께 다루고자 한다.

그러나 두 전략이 선순환을 이룰 수 있을지 의문이다. 이런 우려는 현재 추진되는 공동부유 정책들에 오히려 지속 성장을 저해하거나 분배 개선에 역행하는 요소들이 많기 때문이다. 소득재분배를 위한 정책은 시장소득에 대한 1차 분배와 가처분소득에 대한 2차 분배의 영역에서 동시에 이루어져야 한다. 1차 분배의 경우, 기업 내 자본과 노동 간의 분배뿐만 아니라, 기업 간의 분배(대기업-중소기업-자영업, 국유기업-민영기업)에 대한 정책 개입이 중요하다. 자본-노동간 격차 해소를 위해선 기업 내에서 노동조합 등을 통한 노동자의 발언권을 강화해야 하며, 기업 간 격차 해소를 위해선 대기업·국유기업의 지대 추구 행위 rent-seeking behaviour를 막는 경쟁 정책이 핵심이다. 2차 분배의 경우, 조세와 재정지출 관련 정책이 조정되어야 한다. 고소득층에 대한 재산세, 상속세 등을 통한 누진적 과세와 저소득층에 대한 안정적 사회보장이 핵심이다. 반면, 직접적인 사회 환원(기부 등)을 통한 3차 분배는 역할이 제한적이고 효과도 의심스럽다. 또한 중국적 특색을 반영한 정책도 필요하다. 예를 들어, 도농 간, 지방 간 격차의 핵심에는 호구제 문제가 있다. 자유로운 노동 이동을 막는 호구제가 유지되는 이상 격차 해소는 요원하다.

이런 견지에서 중국의 공동부유 노선을 보면, 우선 1차 분배에 대한 역행적 정책이 포함되어 있고, 3차 분배에 대해서 지나치게 강조하고 있다고 평가할 수 있다. 중국에서 국유기업은 특권을 갖고 있는 개혁의 대상인데, 공동부유 노선에서는 오히려 역할 강화를 주문한다. 또한 민간주체의 활력을 저해할 수 있는 3차 분배에 대한 강조도 우려스럽다. 거대 독과점 민영기업에 대한 경쟁 정책을 통한 제재는 바람직하나, 독점 이익에 대한 회수 방안으로 사회 환원을 강제하는 것은 바람직하지 않을 수 있다. 적극적 2차 분배를 통해 중산층 증대를 도모하기 위한 기득권층에 대한 추가 과세도 강한 저항에 부딪히면서 지연될 가능성이 높다.

실제로 추진된 정책들도 그러하다. 중국은 민간기업 부문에 대한 직접적이고 미시적인 개입을 늘리고 있다. 정부의 통제하에 민영기업과 기업인들에 대한 규제를 강화하고 있다. 알리바바 앤트파이낸셜의 홍콩증시 IPO 취소, 디디추싱의 뉴욕증시 상장폐지 강요, 청소년 게임 제한, 사교육 전면 금지 등 각종 압박이 강해지고 있다. 이런 움직임을 독과점 해소나 인민의 부담 해소를 위한 정공법으로 보기 어렵다. 오히려 민간기업 부문의 활력을 저하시키는 부정적 효과만 낳을 수 있다. 민영기업에 대해 이렇게 엄격한 중국은 에너지, 서비스 부문에서 막대한 독과점 이윤을 올리고 있는 국유기업의 지대추구는 방치하거나 지원한다. 또한 중국 정부는 노동자들의 권익을 위해 활동하는 노동조합과 NGO들을 탄압하고 노동자들과 활동가들을 체포했다. 노동운동이 활성화되어야 기업내 소득분배가 개선되고 노동자의 생활수준도 올라간다. 그러나 2015년부터 이어진 자스커지 佳士科技 등 광동의 노동조합과 노동NGO에 대한 단속과 홍콩 민주노조 운동의 상징인 홍콩직공회연맹HKCTU 해산에 이르기까지 중국 정부의 노동운동에 대한 압박은 집요하고 강력하다. 고소득층에 대한 재산세와 상속세 부과도 요원하다. 중국의 현 조세 제도는 소득 격차 해소에 역진적인 간접세 위주로 이를 시정하기 위해서는 재산세 등 직접세 비중의 증가가 필요하다. 그러나 대도시의 부동산을 보유한 기득권층의 저항이 이를 막고 있다. 그러나 자산불평등이 소득불평등보다 심각한 중국이 합리적 재산세와 상속세를 도입하지 않는다면 공동부유는 듣기 좋은 레토릭에 불과할 수 있다. 그런데 제도의 도입을 주도해야 하는 공산당이 기득권의 핵심이자 부동산 가격 상승의 큰 수혜자일 것이다. 따라서 공산당이 공동부유 노선을 추구하면서 얼마나 '자기 살 깎기'를 할 수 있을지 의문이다. 실제로 그동안 재

산세 부과 지역을 확대하자는 논의는 각종 반대에 부딪혀 진전
이 더디다.

| 시진핑 3기, 중국의 좌회전과 보이지 않는 길

시진핑 3기는 중국이 쌍순환 전략과 공동부유 노선을 동시에
추진하면서 2049년 사회주의 현대화 강국을 향해 발걸음을 내
딛는 시기다. 사회주의 현대화 강국은 그 정의상 성장과 분배가
동시에 달성되어야 한다. 중국은 쌍순환 전략과 공동부유 노선,
성장과 분배의 선순환을 노리고 있다. 그러나 만약 최근 경제학
적 컨센서스에 부합하지 않는 정책의 급격한 '좌회전'은 좀처럼
중국의 미래를 낙관하기 어렵게 한다. 정부의 개입을 강화하고
민간 경제의 활력을 제거하는 방향으로 나아가면 중국은 성장
동력을 크게 상실할 수도 있다. 성장의 저하는 다시 분배 역량
의 악화로 이어진다. 또한 비효율적인 국유기업을 계속 보호·육
성하고 조세제도 및 호구제도 개혁에 주저한다면 분배 개선 및
이를 통한 내수 확대도 어려울 것이다. 이럴 경우 오히려 성장과
분배의 악순환에 빠질 가능성이 높다. 시진핑 3기는 이런 함정
을 어떻게 피해갈 것인가?

3장
경제 구조 개혁과
정책 과제

복합전환기의 경제정책과 정치

조성재(한국노동연구원 선임연구위원)

작년 이맘때 발간된《2022 한국경제 대전망》에서는 세계 경제의 디지털 전환과 환경생태적 전환, 그리고 글로벌 차원의 GVC 재편이라는 삼중전환에 선제적으로 대응할 필요가 있으며, 이를 위한 '역량증진형 국가'가 필요하다는 주장이 제시된 바 있다. 1년이 지난 현재, 삼중전환의 요소들은 더욱 강화될 뿐 아니라 영향의 폭과 깊이가 훨씬 확대되었다. 코로나바이러스를 경험하면서 재택근무와 원격의료, 플랫폼 경제와 메타버스, 스마트공장, 자율주행차 기술이 더욱 고도화되었다. 지구촌 곳곳의 기후위기는 탈탄소화가 코앞의 과제임을 대중들에게 인식시키고 있으며, 따라서 기업들의 ESG 경영이 새로운 표준으로 자리 잡았다. 미중 간의 기술패권 경쟁은 글로벌 차원의 GVC 재편을 넘어서서 기존 WTO 중심의 다자간 자유로운 무역 질서를 경제 블록화와 공급망 재편으로 전환시켰으며, 러시아-우크라이나 전쟁은 이 같은 움직임을 더욱 강화하였다.

어느 하나 쉽게 대응하기 어려운 벅찬 과제들인데, 더욱이 우리나라의 경우 저출생·고령화의 속도가 너무 빨라 곳곳에서 노동력 부족을 호소하고 있으며, 눈앞의 현실로 다가온 지방소멸을 넘어서서 연금재정 고갈이 시한폭탄처럼 째깍째깍 다가서고 있다. OECD 국가 중 유난히 높은 노인빈곤 문제를 포함하여 구조적인 노동 시장 양극화 문제와 인구문제에 더해진 이 같은 세계경제의 환경 변화는 우리가 피할 수 없는 복잡전환기에 처해있다는 사실을 일깨워주고 있으며, 바로 지금 무언가 특단의 대책을 세우지 않으면 한국경제가 추락할지도 모른다는 심각한 우려를 던져주고 있다.

3장에서는 이러한 배경하에서 단기적인 경기 전망을 넘어서서 경제의 환경과 구조 변수들을 심도 있게 살펴보고자 하였다. 윤석열 정부가 내세운 교육, 노동, 연금 3대 개혁 현안에 더하여 경제안보와 전력공급 문제도 함께 다루었다. 이 5개 주제야말로 구조전환기에 우리의 가장 현명한 대응을 필요로 하고 있으며, 여타 경제 정책에 대한 영향도 크기 때문이다.

우선, 교육개혁을 논하고 있는 필자는 시대전환기에 처한 현 정부가 제시한 교육정책 방향이 기본 철학이나 큰 그림이 제시되지 않은 채 주로 보수·중도 입장에서 주장되어 온 분야별 추진 과제를 나열하고 있다는 점을 지적하고 있다. 이러한 접근법은 이미 만 5세 입학 등 대중적 정책으로 발표되었다가 철회되는 해프닝을 겪었는데, 지금이라도 사회적 공감대 속에 개혁 방향이 도출될 필요가 있을 것이다. 그 방향으로서 필자는 평생학습형으로 교육생애주기를 재조정할 것을 제안하고 있는데, 현재의 입시집중형 인적자본 투자를 벗어나 유아 및 성인기 교육 훈련을 강화하는 것이 절실히 요구된다. 특히 다른 OECD 국가들에 비해 부족한 성인기 교육을 강화하기 위해서는 고용노동정책과의 연계가 필요하다고 할 것이다.

노동개혁 역시 마찬가지이다. 노동 시장 이중구조의 개혁과 일자리 중심의 복지국가 건설을 위한 큰 그림이 마련된 이후에 세부 과제로서 임금체계 개편과 근로시간제도의 유연화가 논의되어야 하나, 현 정부는 부분 과제를 고용노동부 장관이 주도하여 개혁하려는 움직임을 나타내고 있다. 그러나, 노동개혁을 위해서는 연공급을 직무급으로 전환해야 한다는 당위가 아니라 구체적 이행전략이 필요하며, 또한 이미 존재하는 유연 근로시간제도를 어떻게 제대로 활용할 수 있도록 할 것인지에 집중할 필요가 있다. 이 과제들은 모두 기존 노사관계 질서의 재편과 더불어 진행되어야하는 것인데, 노동개혁의 추진방식은 아직은 모호한 상태로 남겨져 있는 것으로 보인다.

역대 정부가 부분적으로 수술해오던 연금개혁은 인구구조의 변화 속에서 이제 발등의 불로 떨어져 근본적인 처방을 요구받고 있다. 그러나, 현 정부의 연금개혁은 재정계산위원회를 중심으로 한 모수개혁, 즉 더 내고 덜 받는 방식의 수치 조정을 통해 국민연금 재정을 건전하게 하는 데 중점을 두고, 근본적인 구조개혁은 국회의 역할로 넘겨졌다. 연금개혁 편의 필자가 주장하는 대로 모수개혁만으로는 노인빈곤 문제를 비롯하여 직역연금과의 불공평 문제 등을 해소하기는 어려울 것이며, 저소득층의 가입 기피 등 국민연금의 사각지대 문제를 더욱 악화시킬 우려도 제기된다. 결국 대통령실 주도로 연금개혁을 위한 국민적 공감대 형성과 큰 밑그림 작성부터 제안하고 있기 때문에 정치적 역량이 필요하다고 할 것이다.

복합전환기 중 특히 탈탄소화에 대응하기 위해서는 전력 문제를 해결하는 것이 핵심과제이다. 석탄화력발전의 축소 등 전력의 직접 생산과 관련된 부문뿐 아니라, 산업, 수송 및 상업 부문 모두에서 에너지의 전력화가 요구되고 있다는 점에서 전력

수요는 지금보다 최소 2배 이상 증가할 것으로 전망되고 있다. 필자는 이에 대처하기 위해 어느 하나의 전력원에 기대기보다는 '과도기적 무지개 전략'을 취할 필요가 있으며, 이를 위해서 독립적인 규제위원회가 시장 신호를 제대로 다룰 필요가 있다는 점을 주장하고 있다. 왜냐하면, 사실상 정부가 전력 요금을 결정하는 기존 구조는 시장원리보다 정치논리에 좌우될 가능성이 높았고, 이로 인해 전력 요금과 산업의 구조 전환과 혁신이 지체되어 왔기 때문이다. 전력 요금의 현실화를 위해서는 산업계와 각 가정의 고통분담이 필요한데, 그를 위한 정치적, 제도적 기반 정비가 중요하다고 할 것이다.

한편, 미중 간의 마찰이 격화되는 시기의 경제안보는 경제 블록화, 공급망 재편, 기술 및 산업경쟁 심화라는 세 가지 소주제로 나눠질 수 있는데, 기존에 중국과의 무역 규모가 가장 크고 북한 문제까지 얽혀 있는 한국의 입지가 매우 곤란하고 애매한 것으로 보인다. 일단 미국과 서유럽 중심의 가치공유 그룹으로 들어가는 것이 불가피한 가운데, 미중 간 대립이 격화될 경우 미국의 대중 제재와 이에 따르는 중국의 한국에 대한 경제보복이 현실화될 우려가 적지 않다. 여기에 미국의 인플레이션 감축법이 한국 전기차를 배제한 데서 드러나듯이 미국의 선거정치가 비합리적이거나 불공정한 정책 결정으로 이어질 가능성도 예의주시할 필요가 있다. 복합전환기에 경제안보는 그 어느 때보다 높은 외교 역량을 요구하고 있는 것이다.

이상의 다섯 가지 영역에서의 개혁 현안들과 복합전환기의 구조적 전환 과제들을 살펴보았을 때 2023년은 그 어느 때보다 정치적 리더십과 외교 역량을 포함하는 정책 담당자들의 능력이 요구됨을 알 수 있다. 교육, 연금, 노동 3대 개혁과 전력 제도 혁신 모두 이해당사자들의 극심한 반대가 예상되는 가운데, 이를 넘어서서 사회적 공감대를 형성하고 구조 전환을 성공시키기 위해서는 부단한 설득과 토론이 요구된다고 할 것이다. 더욱이 노동개혁과 연금개혁, 교육개혁과 노동개혁, 그리고 전력부문의 제도 혁신과 경제안보 문제들이 모두 얽혀 있는 상황에서 대한민국의 미래를 위한 청사진을 두고 진지한 토론과 타협, 양보 등이 필요한 시기인 것이 분명하다. 일본 경제의 쇠락이 정치시스템의 후진성 때문이라고 하는 최근의 논의들은 이 같은 정치적 리더십의 중요성을 다시 환기시켜주고 있다.

01 교육생애주기의 재조정에 초점을 둔 교육개혁

김희삼(광주과학기술원)

| 시대전환기에 집권한 현 정부의 교육정책

지금 우리는 디지털 전환과 인구구조 격변이라는 대전환기 속에 있다. 4차 산업혁명이나 인구 충격의 내용을 자세히 언급하지 않더라도, 기술 및 인구 변화에 대응 또는 대비한 교육 시스템의 개혁은 방기할 수도, 미룰 수도 없는 시대적 과제라는 인식이 상당히 확산되어 있다. 이처럼 교육 정책이 구조 개혁의 과제를 안고 있는 상황에 집권한 정부는 큰 그림을 잘 그리는 거시적·장기적 통찰력과 함께 첫 단추를 잘 꿰는 전략적·단기적 실행력도 갖춰야 한다.

　윤석열 정부의 교육 정책도 기술 및 인구 변화 대응 방안을 일부 포함하고 있다. 박순애 전 사회부총리 겸 교육부 장관의 업무보고(2022년 7월 29일) 및 이종호 과학기술정보통신부 장관의 기고(서울경제, 2022년 8월 29일) 등에 담긴 내용에 의하면, 적어도 계획상으로는 그렇다.

　디지털 전환과 관련해서는 2027년까지 100만 명의 디지털 전문 인재를 양성하며, 2025년 교육 과정부터 초등 34시간, 중등 68시간 등 정보 과목 수업시수를 지금보다 2배 이상 확대하고, 코딩 교육의 필수화를 추진할 계획이다. 반도체 분야의 인력 확충을 위해 수도권 대학의 관련 학과 정원 규제를 완화하는 방침도 피력했는데, 이에 대해 비수도권 대학의 우려와 반발을 사고 있다.

　학령인구 및 생산연령인구 감소와 관련해서는 초등학교 입학 연령을 만 6세에서 만 5세로 낮추는 방안을 추진할 계획을 발표했다. 정부로서는 더 빠른 나이에 공교육 시스템에 아이들을 편입시켜 교육 격차를 줄이는 효과가 있을 것이라고 했지만, 거센 사회적 반발에 부딪혀 사실상 철회됐다. 다음 세대의 사회 진출 시기를 앞당겨 더 많은 생산연령인구를 확보하는 것이 본래의 주목적이었을 수도 있다. 초등학교를 5년제로 단축하는 방안, 중·고교를 중등학교 5년제로 재편하는 방안 등 사회 진출을 앞당기는 학제 개편안들도 존재하지만, 지금까지는 6+3+3학제는 건드리지 않는 편이 낫다는 판단이 있었던 것으로 보인다. 그런데 만 5세 입학 방안에는 예비 학부모들의 주된 반대 이유였던 과도기적 학생 중첩 과정의 대입·취업 경쟁 불이익 문제 외에도 연쇄적 교육과정 조정을 요구하는 기술적 문제가 내포되어 있다. 만약 격차 예방을 위한 조기 공교육 편입을 중요시한다면 유치원 마지막 1년을 무상 의무교육으로 하여 초등학교 입학 전의 기초학습 수준을 고르게 하는 편이 바람직할 것이다.

또한 입학자원 격감으로 존폐 한계에 몰린 비수도권 대학 및 전문 대학의 지원 및 관리 방안은 기존에 나왔던 제안들을 따르고 있다. 경영위기 대학은 구조 개선 목적의 적립금 사용, 재산 처분 등 특례를 인정하고 학교 간 통폐합을 지원하며, 회생 불가 대학은 지역의 공익·사회복지법인으로 기능을 전환하는 등 퇴로를 마련해주는 방안 등이다.

이상의 정책들 외에도 교육부 소관 유치원과 보건복지부 소관 어린이집의 관리 체계를 일원화하는 유아교육·보육 통합 방안, 기초학력 보장을 위해 학업성취도 자율평가 대상을 확대하는 방안, 이전 정부에서 폐지하려던 자율형 사립 고등학교를 유지하고 외국어 고등학교는 예정대로 폐지하는 방안 등이 현 정부의 교육 정책 관련 업무보고의 주요 내용에 담긴 바 있다.

2022년 8월 말까지 관찰한 바로는, 정부에서 발표된 교육 정책 방안은 전환기 정책의 기본 철학이 될 큰 그림이 제시되거나 잘 설명되지 않은 채로 주로 보수·중도 입장에서 주장되어

온 분야별 추진 과제들이 나열된 성격이 강했다. 교육·사회 정책 수장의 임명과 중장기적 교육 과제가 맡겨져야 할 국가교육위원회의 출범도 순탄하지 않았던 집권 초기 상황은 현 정부 교육 정책의 향방에 불확실성을 더했다. 더욱이 만 5세 입학 방안의 성급한 발표와 곧이은 철회 해프닝은 정책 추진의 초기 동력을 떨어뜨리기도 했다.

현 정부가 추진하려는 기초학력 보장, AI 기반 맞춤형 교육 도입, 컴퓨팅 사고 교육 강화, 고교학점제 안착, 교육재정교부금 재구조화 등은 이전 정부에서도 필요성을 인식했던 정책들로서, 성공적으로 실행되어야 한다. 그런데 교육정책의 종합적인 큰 그림이 제시되지 않은 채 반도체, 디지털, 만 5세 입학 등 대중적 정책들이 산발적으로 발표되는 것은 정책이 돌출적이라는 인상을 주며 국민의 수용성을 낮춘다.

| 평생학습형으로의 교육생애주기 재조정

시대전환기에 집권한 정부, 그리고 중장기적 교육 정책을 담당할 국가교육위원회는 앞으로 교육 시스템을 어떻게 끌고 갈 것인지에 대한 비전이 담긴 큰 그림을 보여주고 정책 추진 로드맵에 따라 하나씩 추진해야 한다. 이런 관점에서 생애주기별 인적자본 투자 행태를 형상화한 그림은 우리 교육 시스템의 전환이 어떻게 이루어져야 하는지를 효과적으로 보여주며 비전을 제시하는 데 도움을 줄 수 있을 것이다.

한국의 교육 시스템은 대입 경쟁에 초점이 맞춰진 입시집중형으로서 돈, 시간, 노력 등 교육적 투입이 초중등교육 단계에 쏠려 있다. 과열된 사교육 경쟁은 고비용 양육문화에 대한 부담을 갖게 만들어 극저출생의 주요 원인이 되고 있기도 하다. 통계청 생활시간조사(2009)에서 학교 수업을 포함한 주당 총 공부시간은 초등학생 44시간, 중학생 52시간, 고등학생 64시간인 데비해 대학생은 26시간에 불과했다. 학벌사회에서 대학이 결정되면 역전이 어렵다는 인식이 반영된 결과다. 내국세 수입에 비례해 늘어난 지방교육재정교부금이 학생 수가 줄어든 초중등학교에 여유롭게 배분되는 반면, 사학에 주로 의존한 대학교육은 등록금 규제와 낮은 투자로 인해 1인당 교육비가 초중등교육보다 적은 현실이다.

생애주기 인적자본 형성에서 유아교육 단계가 갖는 중요성과 초고령화 및 기술 급변 시대에 평생학습의 필수불가결함을 고려할 때 한국의 교육훈련 정책이 어떤 시스템으로의 전환을 지향해야 할지는 분명하다. 초중등교육 단계에 경쟁 압력과 투자가 과도하게 쏠린 입시집중형 시스템을 유아교육 및 성인기 교육훈련이 강화된 평생학습형 시스템으로 바꿔가야 한다. 우리는 만 15세 학생의 학업성취도가 OECD 국가 중 상위권이지만, 30대 이후 연령이 높아질수록 인적 역량이 크게 떨어진다.

한국에 비해 고등교육 및 평생학습에 대한 투자와 거시적 성과
가 우월한 스웨덴(2021년 IMD 국가경쟁력 1위)과 유사한 시스템
으로의 전환이 필요하다.

[그림 3-1] 생애주기별 인적자본 투자의 재조정*

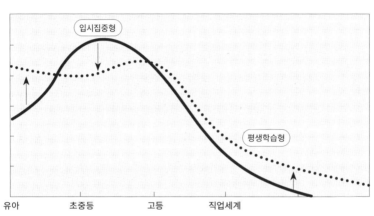

자료: 채창균, 「인구 충격과 한국 평생교육의 새로운 모색」, 「학예연구보고서 2020-03」,
기획재정부·글로벌지식협력단지·한국개발연구원, 2020에서 재인용.

| 교육생애주기 재조정을 위한 정책 방향

앞서 언급한대로 유아교육 단계의 고른 발달을 촉진하고 초등
교육 시작 전의 격차를 줄이기 위해 유치원 마지막 1년을 무상
교육으로 공교육 체제에 편입하는 방안은 우선적으로 추진해볼
만하다. 중장기적으로는 유아교육·보육 단계 전체를 의무교육에

---

*　평생학습형 인적자본 투자 곡선은 스웨덴의 지표들을 기준으로 형상화됨.

포함하는 방안도 검토할 수 있을 것이다. 유아 공교육의 확충을 위한 인프라 마련에는 학생 수가 줄어든 초등학교의 유휴시설을 활용할 수도 있고, 축소 압력을 받고 있는 교육대학에서 유아교육 교사를 함께 양성하는 방안도 고려할 수 있다.

초등학교와 중학교는 기본학력, 즉 배우는 능력을 모든 학생이 갖출 수 있도록 보장하고, 21세기 핵심역량인 사회성과 사회자본의 함양에도 힘쓸 필요가 있다. 고등학교는 전면 실시 예정인 고교학점제의 이상에 부합한 운영으로 교육과정의 개별화를 통한 성공 경로의 다양화를 구현하는 데 역점을 두어야 한다. 고교학점제의 성공은 그에 부합하는 평가 제도와 대입 전형의 변화를 요구하는데, 2000년 이후 홍콩의 교육개혁에서 고교 교육과정(필수과목 외 개인별 선택 강화) 및 대입 전형(수능의 5등급 절대평가화, 서술평가 도입)을 참고하면 좋을 것이다. 우리 대입 전형의 개선 방향은 입학 단계의 미세한 선별을 지양하고 균형 선발을 확대하여 대입 단계의 과도한 경쟁 압력을 완화하는 것이어야 교육 시스템의 전환 방향에 부합한다. 대학 입학을 쉽게 하여 성인 학습자들에게도 문호를 넓히되 내실화된 커리큘럼과 학사관리 운영으로 졸업은 까다롭게 함으로써 대입이 끝이 아니라 시작이라는 인식을 갖게 해야 한다.

한국은 대학진학률이 매우 높지만, 석·박사 인력은 기술주권시대의 핵심인 과학기술 분야에서도 부족한 현실이다. 고등교육과 연구인력 양성을 위한 투자를 늘려 주요 분야에서 연구개발 및 기술 경쟁력을 확보해야 한다. 이때 광역화된 지역 간 균형과 역할 분담이 고려될 필요가 있다. 예컨대 반도체 인력만 해도 고급 개발인력뿐 아니라 제조공정에 필요한 중급 기술인력도 필요한 바, 수도권 대학과 지역 대학이 공생해야 한다. 수도권 대학 중심의 대학 서열도 결국 빈익빈 부익부의 마태 효과, 즉 정부 지원 및 투자의 반복된 집중으로 인한 물적 여건의 차이에 의해 강화돼왔다. 후발 대학이나 지역 대학이라도 집중 투자를 받으면 전국구 명문으로 부상할 수 있다는 것은 한국예술종합학교, 지역별 과학기술원, 포항공대 등이 보여준 바 있다. 당장의 여건과 기업의 단기수요만 보고 행·재정적 지원을 배분하면 수도권 대학의 기존 우위가 강화돼 지역 간 격차는 더욱 심화될 것이다. 대학이 자기 혁신을 할 수 있도록 과잉규제를 풀어주되 지역 간 상생을 고려한 장기적인 큰 그림의 바탕에서 추진할 필요가 있다.

정부가 고등·평생교육 교부금을 신설하여 상대적으로 미흡했던 생애단계의 교육훈련 투자를 늘리는 것은 바람직한 방향이다. 2021년 본예산 기준으로 교육 분야 전체 예산 중 82.3%는 유아·초중등교육에, 15.9%는 고등교육에 쓰였고, 1.6%만 평생·직업교육에 쓰였다. 평생학습에 대한 공적 지원은 교육부보다는 고용노동부에 의해 고용보험기금 직업능력개발사업 형식으로 이루어져 왔다. 지금까지는 교육을 학령기 교육 중심으로 바라봐왔던 것이다.

그러나 앞으로는 학령기 이후에 국민들이 새로운 것을 배워 나가고 변화하는 사회에 적응할 수 있도록 국가적인 지원을 늘려야 한다. 학생 수가 준다고 그에 비례해서 교육 예산 총액을 줄이는 것이 아니라 국민 개개인의 일생 동안 국가적 교육 투자의 양은 늘리되 투자 시기를 재조정하여 아동기부터 노년기에 걸쳐 학습이 진행될 수 있도록 도울 필요가 있다.

다만 기술, 인구, 시장의 급변에 따른 노동 수요의 변화에 긴밀히 부합하는 평생교육 및 직업훈련 프로그램을 공급하려면 국가가 직접 공급자로 나서기보다 민간 주도의 시장이 활성화될 수 있는 조건을 조성하는 것이 바람직하다. 정부의 주된 역할은 노동 시장과 교육 기관에 관한 정보를 수집하여 시장의 참여자들에게 제공하고, 저숙련 취약층이 소외되지 않고 학습에 참여할 수 있도록 지원하는 것이다.

성인기에는 기술 변화에 맞게 숙련 갱신과 전직 준비를 할 수 있는 시간과 경비의 지원이 요구된다. 평생학습을 통한 생애 생산성의 유지 및 향상과 여성의 경력 단절 없는 경제 활동은 인구 변동으로 인한 인력 부족 문제를 해결할 현실적인 열쇠가 될 수 있다. 이를 위해 재직자의 재교육과 학습을 촉진하는 인사 제도와 임금 체계, 가족친화적 기업 문화, 평생학습에 대한 행·재정적 뒷받침을 넘어선 사회 시스템의 전환이 필요하다.

끝으로 교육 정책의 거버넌스 문제를 언급하지 않을 수 없다. 교육부 장관은 인적자원 정책의 조정자로서 사회부총리를 겸하고 있지만, 지금까지는 교육부 업무를 넘어선 역할을 할 수 있는 예산도, 정책 수단도, 결과적인 실적도 없었다. 앞으로 교육 시스템의 패러다임적 전환을 이끌어갈 리더십이 어디에선가는 나와야 한다. 그리고 중장기적 관점에서 예측 가능하고 일관성 있는 교육정책을 수립하기 위해 설립한 국가교육위원회는 교육부와 역할 분담이 모호해 향후 충돌 여지가 있다. 정부조직법에 국가교육위원회의 근거를 마련하고 중립적이고 사명감과 능력을 갖춘 전문가 중심으로 위원회를 구성할 필요가 있다. 물론 위원회, 부처, 교육청, 대학, 학교, 교원, 교육수요자 모두 교육생애주기의 재조정에 관한 큰 그림과 변화 방향을 공유하는 것이 가장 중요한 선결과제다. 함께 어디로 가야 하며 갈 것인지에 관한 큰 그림을 잘 그려서 보여주고, 정책의 효능감과 신뢰를 줄 수 있도록 첫 단추를 잘 꿰는 것이 공감과 동참을 끌어내는 길이다.

02 | 멀고도 험한 노동개혁의 길

조성재(한국노동연구원 선임연구위원)

윤석열 정부가 3대 개혁 과제 중 하나로 내세운 노동개혁이 보다 하위의 아젠다인 근로시간제도 유연화와 임금체계 개편을 중심으로 전개될 것으로 보인다. 여기에 대우조선 사내 하청 노동자들의 장기파업을 지나면서 노동 시장 양극화 극복 과제가 추가된 양상인데, 이러한 개혁을 추진할 수 있는 커다란 밑그림과 추진 방식에 대한 정교한 설계가 없이는 개혁이 좌초하거나 용두사미로 끝날 가능성도 적지 않다. 그 이유를 국내외 경험을 통해 알아보고, 시대적 과제를 해결하기 위한 방안에 대해 토론해보고자 한다.

대통령이 부정하기는 했으나, 고용노동부 장관은 이미 노동 개혁 방안에 대한 윤곽을 6월에 발표하였으며, 이를 추진하기 위하여 미래노동시장위원회를 발족시켜 전문가 중심의 검토를 진행하고 있다. 이미 알려진 바와 같이 의제는 근로시간제도의 유연화와 임금체계 개편이다. 대통령 의제라기보다는 장관급 과제에 불과하다고 평가절하하는 논의도 적지 않지만, 제대로만 이루어진다면 시간과 임금을 매개로 노동 시장과 노사관계 전반을 개혁하는 킹핀이 될 수도 있다. 거꾸로 시간과 임금의 합리화라고 하는 것이 거대한 노동체제와 상호보완적이고 경로의존적으로 얽혀있어서, 개혁의 큰 그림 없이는 두 가지 과제도 좌초할 수밖에 없다는 한계를 지적하는 논자들도 있다.

┃ 연공급을 직무급으로 전환하는 당위가 아니라 이행전략이 필요

우선 임금 체계의 문제부터 살펴보자. 일본이나 한국 모두 고도성장 과정에서는 안정적으로 노동력을 확보하는 차원을 넘어 기업특수적 숙련과의 정합성을 높이기 위하여 연공임금 체계를 채택해왔다. 더욱이 인구가 적정하게 늘어나는 국면에서는 이같은 이연임금deferred wage 시스템이 저연령 노동자들의 임금을 낮춰 고성장에 도움이 되기도 하였다.

그러나 한국경제는 이미 저성장 기조로 전환되었고, 인구구조는 저출생·고령화 문제가 세계 어느 나라보다 빠르게 진행되어 왔다. 이 같은 사회경제 환경하에서 연공급을 유지하는 것은 불가능할 것이다. 더욱이 여러 산업의 디지털화로 기업특수적 숙련보다 시장에서 통용 가능한 일반적 숙련이 더욱 중요해지는 상황으로 변화해왔다. 이미 엔지니어들의 경우 내부노동 시장에서의 육성과 함께 외부노동 시장에서의 경력자 채용이 일반화된지 오래이다.

　　이 같은 사회경제적 변화를 배경으로 연공급이 더 이상 지속가능하지 않다는 논의는 짧게 잡아도 10여 년에 이른다. 그런데 왜 이제까지 임금 체계의 개혁이 더디기만 한 것인가? 당연히 그것은 연공급을 주로 적용받는 대기업과 공기업 노동자들이 대개 노동조합으로 조직되어 저항이 심하기 때문이다. 이연 임금 체계는 젊어서 생산성보다 덜 받은 임금을 중년 이후 생산성보다 높은 임금으로 보상받는 구조인데, 어느 순간 이러한 암묵적 계약을 깨게 되면, 젊어서 임금을 덜 받은 노동자들은 반발할 수밖에 없는 것이다.

　　그렇다고 임금 체계 개혁을 하지 않을 수도 없다. 왜냐하면, 연공급은 주로 대기업 등 1차 노동 시장의 특징으로 자리 잡았으며, 중소기업과 비정규직 등으로 이루어진 2차 노동 시장에서는 표면적인 연공급과는 달리 평균 근속년수가 짧아 이미 직무 노동 시장의 특성을 보이고 있기 때문에 임금 체계가 양극화와 상승작용을 일으켜왔기 때문이다.

만약 개혁을 백지 위에 그릴 수 있다면, 서구에서처럼 산업별 직무급 테이블을 산별 교섭을 통해 확정하고, 개별 사업장에서는 어느 직무와 인력이 어느 직무등급에 해당되는지만 선택하면 된다. 그러나, 유감스럽게도 우리나라는 산별 교섭 체제가 아니라 기업별 교섭이 지배적이고, 산별로 동일노동 동일임금을 적용할 수 있는 직무분석 등 직무급 인프라가 구축되어 있지 않다. 2차 노동 시장에서 나타나는 직무급 특성은 시장을 통해 형성된 사후적인 것에 지나지 않는다. 결국 오랜 시간 연공급에서 직무급으로의 전환을 논의해왔지만, 노동 시장과 노사관계의 구조와 관행의 경로의존성 등으로 인하여 직무급을 적용한 사업장은 그다지 많지 않다.

요컨대, 직무 중심의 임금 체계를 구현해야 한다는 과제를 부정할 사람은 없겠지만, 문제는 뾰족한 이행전략을 내오기가 쉽지 않다는 것이다. 중년 이후 높은 임금을 전제로 생애소득과 생애소비를 배분해온 노동자들에게 다른 복지 메뉴들을 제공하지 않는 이상, 대기업 정규직 노동자들의 저항을 넘어서기는 쉽지 않다. 그나마 가능한 것이 공기업에서 모범을 보이는 일일 텐데, 이를 위해서는 공무원 임금 체계부터 손봐야 한다. 그렇지만, 공무원이든 공기업이든 노조 조직률은 상당히 높은 수준이고, 이들에게 직역연금의 구조조정도 요구되는 상황에서 임금 체계 개편까지 밀어붙일 수 있을지는 불투명하다. 설사 공공부문에서 임금 체계 개혁이 성공한다고 해도 이것이 민간부문으로 확산될 것이라는 전망을 갖기가 쉽지 않다.

그렇다면 임금 체계 개편과 임금 수준의 양극화 문제를 한꺼번에 해결하는 방안으로서, 서구처럼 산별 교섭을 활성화하여 산별 직무급 체계를 도입하면서 대기업과 공기업 노동자들의 연대임금 전략을 기대하는 것은 어떠한가? 이 같은 상상이 실현되기 위해서는 우선, 노동조합 뿐 아니라 기업별 교섭에 익숙한 사용자들 역시 산별 교섭에 대해 전향적 태도를 가져야 하지만, 우리나라 사용자들은 산별 교섭에 대해 그것이 노조 힘이 더 강해지는 길을 열어준다고 엄청난 저항감을 갖고 있다. 또한, 대기업은 지불능력이 양호해서 고임금을 주고 있었는데, 연대임금 전략에 따라 임금을 낮추게 되면, 초과이윤이 더 늘어나는 모순에 빠진다. 이를 해소하기 위해서는 대기업 노조의 임금 양보가 하청 노동자들의 임금 상승으로 연결되는 긴 연쇄 고리가 탄탄해야 하지만, 대-중소기업간, 그리고 노동자간 신뢰 수준은 바닥을 기고 있다.

중요한 것은 이렇게 임금 체계 개편을 논의하면서 검토해야 할 지점들이 워낙 많다는 점이다. 당위적으로 직무급을 실현해야 한다는 목표를 내세우는 것이 아니라, "어떻게" 실현할 것인가에 대한 로드맵을 내놓지 않으면 노동개혁의 핵심 과제를 풀어내는 것은 여의치 않을 것이다. 미래노동시장연구회도 이 같은 고민 지점을 정확히 알고 있을 것이지만, 두 가지 덧붙이자면, 다른 어떤 과제보다 임금 체계 개혁은 많은 시간을 필요로 하기 때문에, 임기 5년에 국한된 시야를 넘어설 필요가 있다는 점이고, 두 번째는 연공급을 직무급으로 전환하는 것만도 벅찬 과제인데, 여기에 성과급 논의를 뒤섞는 것이 도움이 되지 않을 것이란 점이다. 임금 체계, 임금 구성, 임금 수준, 임금 지급방식 등이 모두 얽혀 있지만, 적어도 개혁의 성공에 초점을 맞춘다면 기본급의 결정원리인 임금 체계에 집중하는 것이 필요하다.

| 이미 유연한 근로시간 제도의 현장 적용이 중요

다음으로 근로시간 제도의 유연화에 대해서 살펴보자. 1987년 노동운동이 활성화되어 장시간 노동 체계가 약화되기 시작한 이후 1990년대가 되면 사용자들은 근로시간을 유연하게 설정할 수 있는 제도를 요구하였으며, 이에 따라 1996년 노사관계개혁위원회 과제로 변형근로시간제가 본격적으로 논의되기 시작하였다. 마침 2004년 주 40시간제의 도입으로 근로시간의 총량이 줄어들면서 기업들이 유연한 근로시간 제도를 더 많이 활용할 것으로 예상되었다. 그렇지만, 고용노동부가 주당 최대 근로시간을 68시간으로 행정해석하면서 주말 특근이 일상화되자, 기업들은 예상과는 달리 유연한 근로시간 제도를 많이 활용하지 않았다.

그렇지만 2018년 대법원에서 주당 근로시간의 상한을 68시간이 아닌 52시간으로 판결할 것이 임박하자, 기업 규모에 따라 순차적으로 주 52시간 상한제를 도입하는 것으로 여야가 합의하여 근로기준법 개정안이 국회를 통과하였다. 결국 기업들은 근로시간의 총량이 실질적으로 줄어드는 상황에서 근로시간 제도의 유연화가 필요함을 역설하였고, 이에 따라 경사노위 합의를 거쳐 탄력근로시간제가 3개월에서 6개월 단위로 확대 적용되었으며, 이후 선택적 근로시간제도 기존 1개월 단위에서 연구개발 부문의 경우 3개월로 확대하여 도입할 수 있도록 허용되었다. 여기에다 업무량 폭증 등이 있을 경우 특별연장근로 신청도 할 수 있도록 함으로써,* 재량근로제 등을 포함하여 이미 다양한 유연근로시간 제도가 상당한 정도로 도입되어 시행되고 있다.**

그럼에도 불구하고 여전히 유연 근로시간제도에 대한 요구가 높은 것은 주 52시간 상한제에 따른 총량 규제를 어떻게든

---

* 특별연장근로는 원래, 재해·재난 수습, 생명·안전, 돌발 상황 등을 위해 설계된 것이지만, 문재인 정부하에서 업무량 폭증, 국가 경쟁력 강화를 위한 연구개발 등으로 사유를 확대되었고, 이에 따라 인가 건수가 2019년 908건, 20년 4,204건, 21년 6,477건, 22년 1~7월 5,793건(전년동기비 77% 증가) 등으로 빠르게 증가해 왔다. 연합뉴스, 「특별연장근로 인가 77% 급증... 주52시간제 확대·코로나 영향」, 2022. 8. 31.

** 최근 전경련이 조사업체를 통해 723명의 근로자들을 설문한 결과에 따르면 탄력적 근로시간제 36.4%, 시차출퇴근제 28.8%, 선택적 근로시간제 22.4%, 간주근로시간제 4.6%, 재량근로시간제 3.6% 등을 활용하고 있으며, 만족도는 73.3%에 이르는 것으로 나타났다. 뉴시스, 「유연근무 근로자 10명 중 7명 "워라밸에 만족"」, 2022. 8. 29.

우회하고자 하는 의도가 작용하고 있는 것으로 보인다. 그렇지만, 고용노동부 장관은 근로시간 유연화는 주 52시간 상한제의 기본 틀을 유지하면서 시행할 것이며, 노동계의 우려대로 실 노동시간을 늘리는 정책은 아니라고 거듭 천명하였다. 또한, 경사노위에서 2019년에 탄력근로제를 합의하면서 부가되었던 11시간 연속휴무의 보장 등과 같은 근로자 건강권 보호조치들이 함께 시행된다면, 사용자들이 기대한 만큼의 유연화를 실행하기는 어려울 것으로 보인다. 미래노동시장연구회에 건강 및 보건 전문가가 참여하고 있는 것과 여소야대의 국회 지형도 이 같은 전망을 뒷받침해준다. 그럼에도 불구하고 주단위 근로시간 규제를 월 단위로 바꾸려는 기본 개혁 방향이 몇가지 전제조건하에 제시될 것으로 보이는데, 이에 대한 노동계의 반발 정도와 국회의 논의 결과에 따라 어정쩡한 타협으로 귀결될 가능성도 있다. 아울러 고임금 사무직의 시간 규제 면제white collar exemption 등 주변적 제도 개선이 이루어질 수도 있을 것이다.

그런데, 산업현장에서 근로시간의 유연화는 오히려 코로나 위기를 계기로 전면화된 재택근로제와 원격근무, 그 이전부터 논의되던 일과 생활의 균형 등의 차원에서 논의될 가능성이 더 높다. 일과 생활의 균형이 우수한 MZ세대 인력을 유인하기 위한 수단으로 주목받고 있는 반면, 제조업에서는 여전히 획일화된 공장 가동이 필요하다는 점에서 부문별로 사정이 차별화된다는 지점에 유의해야 한다. 결국 이는 시간 주권time sovereignty

을 둘러싼 노사 간의 협의가 무엇보다 중요하다는 사실을 일러준다. 탄력적 근로시간제를 포함하여 기존의 유연근로시간 제도 역시 근로자대표와의 합의를 필요로 하고 있는데, 근로자 과반수를 대표하는 노동조합이 없을 경우 근로자대표를 어떻게 선출하고 그들이 어떤 권한을 갖는지 등에 대해서는 법제도가 미비하다. 마침 경사노위에서 2021년 근로자대표제에 대해 사회적 합의를 도출하기는 하였으나, 여전히 국회를 통과하지 못하고 있다는 점에서 이번 근로시간 제도의 유연화와 더불어 재차 추진하는 것이 요구된다고 할 것이다.

| 개혁 추진 방식을 구체화해야

이렇게 근로시간 제도의 재편이나 임금 체계의 개편을 중심으로 노동개혁을 추진하는 것은 노사관계 및 노동 시장 구조 전반에 대한 진단과 연관 변수들에 대한 적극적 고려 속에서 이루어질 필요가 있다. 그를 위해서는 개혁의 밑그림을 정교하게 설계하는 것이 무엇보다 중요하다. 개혁의 추진 방식과 관련해서는 대처나 레이건과 같이 정부와 여당이 주도권을 쥐고 밀어붙이는 방식이 있는 반면에 독일의 하르츠위원회처럼 전문가와 정부가 함께 주도하는 방식이 있을 수 있다. 그렇지만, 고용노동부가 위촉한 미래노동시장위원회가 그만한 위상을 갖고 있지는 못한 것으로 보인다. 한편, 우리나라에서 1996년 노사관계개혁위원회와 이후 1998년 노사정위원회, 2018년 경제사회노동위원회의 흐름은 사회적 대화를 통한 개혁이 큰 흐름을 차지하고 있었음을 시사한다. 외국에서는 네덜란드의 바세나르 협약이 그 대표적 사례일 것이다.

윤석열 정부는 이 세 가지 중에서 어떤 방식을 채택할 것인가? 현재로서는 뚜렷한 개혁 추진 방식이 드러나고 있지 않지만, 경사노위에 당분간 민주노총이 참여할 가능성이 없다는 사실은 변하지 않을 것으로 보인다. 그럴 경우 역대 보수 정부가 그러했듯이 한국노총 포섭과 민주노총 배제 전략을 전면화할 것인지, 아니면 새로운 사회적 대화 방식을 추구할지도 역시 불투명하다. 일각에서 논의되는 대로 대타협 방식에 의하여 노동개혁을 한다는 것도 백지에서 개혁의 밑그림을 그리는 것만큼이나 허망하다는 사실이 이제 분명해진 상황 속에서, 지역, 업종, 부문에 걸친 국지적 사회적 대화를 활성화하여 소타협small deal을 연속으로 배치하는 방안도 고려해볼 만하다. 마지막으로 강조할 것은 국내외의 많은 경험을 보았을 때 어떤 방안이든 정치적 리더십이 없이 노동개혁은 결코 성공할 수 없다는 점이다.

03 연금 개혁, 이번 정부는 어떻게 할까

이용하(한국보건사회연구원 초빙연구위원)

| 드러난 현 정부 연금 개혁의 윤곽과 허점

윤석열 정부의 3대 국정과제의 하나인 연금 개혁이 본격 시동을 거는 모양새다. 국민연금의 경우 담당부처인 보건복지부가 재정 전망과 함께 제도 개선안을 마련할 재정계산위원회를 가동시키고, 국회에서는 연금 개혁을 위한 특별위원회가 운영되는 형태로 추진 체계가 마련되었다. 2022년 8월 안상훈 사회수석이 밝혔듯이, 현 정부는 국민연금의 경우 주로 모수개혁 방안을 마련하는 데 집중하고, 특별위원회는 이를 포함해 구조개혁까지 논의하는 투 트랙two track 전략을 구사할 방침이다. 사회수석의 모수개혁 언급은 더 내고 덜 받는 식으로 국민연금의 수급부담 구조를 바꾸어 재정 안정 및 기금 소진 문제를 우선적으로 해결하겠다는 의지로 해석된다. 국민연금, 기초연금, 퇴직연금 등 민간부분 연금제도 간의 기능과 역할분담의 재구조화, 나아가 공무원연금 등 직역연금과 국민연금을 통합하여 기준을 일원화하고 격차 해소를 목표로 하는 '구조개혁'은 정부의 일이 아니라 국회의 일로 가르마를 타는 듯하다.

사회수석의 관할이 원래 국민연금이나 기초연금에만 국한되고 다른 모든 제도의 관할권은 인사혁신처, 노동부 및 금융위 등에 분산되어 있어 그런 건지도 모른다. 아무튼 대통령실에서 이미 국민연금 개혁의 방향과 범위를 정해주었으니 일단 개혁 논의가 국민연금의 보험료율이나 급여 수준을 국민이 수용 가능한 수준으로 조정하는 데만 국한될 수 있어 한결 빠른 진행이 예상된다. 더구나 보험료율을 최대한 찔끔 올리고 급여 수준도 찔끔 내리는 개혁이라면 국민적 저항도 최소화할 수 있어 예상외로 잘 진행될 수 있다.

그러나 문제가 그리 간단치 않다. 연금 개혁의 큰 그림도 없이 국민연금 개혁안을 만든다는 것은 종이 위에 스케치도 하지 않고 색부터 칠하는 것과 크게 다를 바 없다. 정부가 만들어 온 모자이크 그림을 국회가 수용하지 않으면 결국 서로 책임 회피만 할 것이고, 지난 문재인 정부 때처럼 개혁안이 폐기되는 악순환이 재현될 수 있다. 비록 국회가 정부의 연금 개혁을 수용하더라도 국회로 넘어가는 순간 정치화의 대상이 되므로 자연히 개혁의 폭은 더욱 좁아질 수밖에 없다.

게다가 이러한 국민연금 중심의 찔끔 수준 개혁은 '계란으로 바위치기'에 불과하여 국민적 기대를 충족시키기는 어렵다는 점이다. 우리나라는 초저출산과 기대수명 상승으로 급속한 인구고령화가 진행되고 있다는 특수한 여건 속에 있다. 웬만한 보험료율의 인상이나 급여 수준 축소만으로는 기금 소진 시점을 늦추는 것도, 재정안정화를 담보하는 것도 어려운 실정이다. 2018년 제4차 국민연금재정 계산 시 사용된 재정추계모형을 기초로 시뮬레이션해 보면, 보험료율을 3%포인트(현행 9%→12%) 즉시 올리면 기금소진 시점이 3년, 급여 수준(소득대체율)의 경우 5%포인트 내리면 유사하게 3년 정도 연장되는 것으로 나온다. 예를 들어, 모수개혁으로 보험료율을 3%포인트 인상에다 급여 수준 10%포인트 삭감(40년 가입 평균소득자 기준 40%→30%)을 동시에 추진할 경우 기금소진 연도가 현재 2057년에서 2070년대 전후로 밀리게 된다.

물론 최근의 출산율 저하 등을 감안하면 제도 개선 효과가 더 적을 수도 있다. 그러나 이보다 더 중요한 관점은 그럼 이제 이것으로 재정안정화 문제는 해결되었는가 하는 점이다. 기금소진 연도가 10여 년 늦춰졌다고 기금 소진 문제가 없어질 것이라고 믿는 사람은 아무도 없을 것이다. 결국 개혁문제는 다음 정부, 다음 세대로 잠시 미루는 것에 불과하다. 더구나 그 이후에는 제도의 고착화 등으로 개혁의 효과가 크게 줄어들어 종전과 동일한 효과를 내기 위해서는 더 큰 폭의 개혁 및 고통분담이 요구되는 결과를 초래하게 된다. 모수개혁에 만족해서는 안 되는 이유 중 하나이다.

무엇보다도 모수개혁은 재정안정화에만 초점을 둔 개혁이라는 점에서도 쉽게 수용되지 않을 가능성이 높다. 특히 우리나라는 현재 OECD 국가 중 가장 높은 노인빈곤율을 보이고 있는데다 국민연금의 실질 급여 수준도 낮아 이에 대한 보완대책 없이 연금 수준의 축소에 대한 국민적 동의를 얻어내기는 쉽지 않다. 국민연금 대체율을 60%에서 40%로 크게 내리는 것을 골자로 한 2007년 국민연금 개혁이 성공할 수 있었던 것은 그만큼 보충할 수 있는 방안, 즉 기초연금의 인상과 확대라는 당근이 주효했다고 판단된다. 이는 애초부터 기초연금과 국민연금 간 역할분담을 새로이 정하는 것을 목표로 하는 구조적 개혁을 구상하는 것이 효율적일 수 있다는 점을 시사하는 부분이다.

| 모수개혁이 아니라 구조개혁에 초점을 두어야

이러한 구조개혁이 더 결정적으로 필요한 이유는 또 있다. 현행 보험료율하에서도 저소득층은 보험료 부담 때문에 넓은 사각지대를 형성하고 있는데, 추가적인 보험료율 인상은 이들 집단의 가입 기피 및 소득 하향 조정 등을 야기하여 사각지대 문제를 더욱 악화시키는 부작용을 낳을 수 있다. 안 그래도 이들 계층은 기초연금 수준이 점점 높아지고 있는 상황에서 이미 국민연금의 가입 의욕이 크게 저하되고 있는 상황이다. 이러한 가입 기피는 결국 국민연금의 재분배가 저소득층으로 흘러가지 못하게 되어 강한 재분배 기능을 자랑하는 국민연금의 정당성을 크게 추락시키는 요인이 된다. 이러한 제도 간 충돌을 피하기 위해서는 현재 대체관계로 설정되어 있는 기초연금과 국민연금 간 관계를 새로운 완전 보완구조로 전환해야 한다. 예를 들어, 기초연금은 모든 사람에게 기초적 보장을 제공하는 보편제도로 전환하고, 그 대신 국민연금의 경우 기초연금과 중복되는 재분배 기능은 폐지 내지 기초연금에 통합하고 비례 부분만 남겨두는 형태가 대표적이다. 이때 기초연금은 대체율 15~20% 정도, 국민연금(비례연금)은 25% 정도를 보장하여 총 보장 수준은 종전과 거의 동일하거나 약간 높게 유지한다. 이 경우 국민연금은 보험료율을 올리지 않고도 자연스럽게 거의 항구적인 재정안정화가 가능하다.

한편, 우리나라의 높은 노인빈곤 문제는 국민연금 등의 지출이 절대적으로 적다는 데에 기인한다. OECD 국가들의 GDP대비 평균 연금 지출 비중은 우리(GDP대비 2%)의 5배 수준인 대략 8%선이다. 그에 상응하여 우리의 노인빈곤율도 OECD 평균보다 3~4배나 높다. 결국 우리의 노인빈곤율을 OECD 평균치 정도로 줄이려면 지출을 늘리는 수밖에 없다는 것을 의미한다. 국민연금의 경우 재정 불안에 놓여있는데다 개혁의 대상이 되고 있는 만큼 당장 지출을 늘려 노인빈곤 완화에 기여하도록 하기는 불가능하다. 결국 노인빈곤을 해소할 수 있는 유일한 출구는 기초연금을 통해 빠르게 지출을 확충하는 수밖에 없다. 이런 점에서 구조개혁은 바로 보험료율의 인상 없이도 국민연금의 재정안정화 문제를 해결할 수 있을 뿐만 아니라 노인빈곤 문제를 동시에 해결할 수 있는 강점을 가지고 있다.

기초연금은 재분배 기능 및 기초보장 역할에 충실하고 국민연금은 순수 비례 연금으로 전환하여 저축 기능 및 추가보장 역할에 충실하도록 완전히 이원화하자는 것이 구조개혁의 핵심이다. 이렇게 기존 국민연금이 재분배 기능을 덜게 되면 보험료율을 거의 올리지 않고도 항구적인 재정안정화가 자동으로 가능한데다 기초연금의 보편적 확대는 우리의 노인빈곤 문제를 획기적으로 그리고 빠르게 개선하는 데 적극 활용할 수 있다. 이 경우 기초연금의 재원인 국고 부담이 크게 늘어날 것이지만 이는 보험료율을 올리는 것에 비하면 효율적이고 공평하다고 판단된다. 기초연금의 재원(조세)은 넓은 세원(GDP: 근로소득 외에 노인을 포함한 국민의 모든 소득)에 기초하여 조달하지만, 국민연금의 재원은 인구고령화 시대에 점점 줄어드는 근로소득에만 의존하는 구조라서 인구고령화에도 취약할 수밖에 없기 때문이다. 이런 관점에서도 이번 연금개혁은 기초연금과 국민연금의 역할분담 구조를 재조정하는 절호의 기회로 삼아야 하며 보험요율이나 급여 수준을 몇 퍼센트 조정할 것인가를 두고 논쟁하면서 시간을 허비해서는 안 될 것이다.

국민연금 외 다른 연관 제도의 구조개혁도 동반돼야 효율적

물론 구조개혁도 거기서 끝나서는 안 된다. 축소된 국민연금의 보장 기능은 퇴직연금 등 다른 노후저축 제도를 통해 보완해야 할 것이다. 우리나라 퇴직연금은 1년 이상 근속 상시근로자만을 대상으로 함에 따라 보편성이 낮고 모든 금융 기관에 분산운영됨에 따라 규모의 경제를 실현하기 어려워 수익률이 1~2%에 불과할 정도로 운영효율성이 낮다. 이에 대상을 정규직 상시근로자에서 비정규직, 단기고용 근로자에게도 점진적으로 확대하고 동시에 국민연금처럼 집중화 및 대규모화로 규모의 경제를 달성할 수 있도록 해야 한다. 예를 들어 일률적으로 부담률의 일부(총 8.3%중 3.3%)는 분리하여 이를 국민연금 기금에 위탁운영하고 새로운 퇴직종신연금을 제공하는 등 연금의 기능을 대폭 확대하는 방안도 적극 검토해야 한다.

　마지막으로 국민연금의 구조개혁과 함께 추진되어야 하는 것은 공무원연금 등 직역연금이다. 이미 두 제도 간 연금 불평등 문제가 크게 제기되고 있는 상황인데다 공무원연금 등 직역연금의 재정불안 문제도 심각하다. 또 구조적으로 크게 달라 제도 비교가 불가능할 정도로 직역연금 제도는 불투명하다. 게다가 공무원연금 등의 개혁이 전제되지 않는 한 국민연금의 개혁에 대한 국민적 동의를 얻기란 쉽지 않을 전망이다. 2007년 국민연금 개혁 시 국민적 동의를 얻는 데 주효했던 요인의 하나가 바로 공무원연금 등 특수 직역연금의 개혁에 대한 정부의 약속이었다. 이에 2009년과 2015년 연이은 공무원연금의 개혁이 성공적으로 이루어졌다.

이로써 인사혁신처 등은 두 제도 간 수익비가 거의 동일해져 형평성 문제가 없다고 하지만, 이는 잘못된 인식이다. 예를 들어 생애동안 보험료로 100만 원을 내고 연금으로 200만 원을 받는 경우(국민연금)와 200만 원을 내고 400만 원을 받는 경우(공무원연금 등)를 비교해보면, 두 경우 수익 비율은 같지만 순편익(절대익)은 후자가 전자에 비해 여전히 2배나 높다. 즉, 공무원연금 등은 국민연금에 비해 후세대로부터의 보조금을 2배나 많이 취하는 것이므로 불공평하다는 사실을 깊이 인식해야 한다. 이러한 불공평 문제를 제거하는 동시에 재정안정화가 가능하도록 공무원연금 등 직역연금도 민간부분 연금과 유사하게 다층적 구조로 전환하는 개혁을 동시에 추진해야 할 것이다.

| 하지만 결국 이번 정부의 연금개혁의 폭과 방향은…

종합하면, 현 정부가 추구하고자 하는 모수개혁은 오늘날 우리나라 연금 제도들이 직면하고 있는 재정불안 문제, 노인빈곤 문제(사각지대 및 적정보장 미흡 문제), 제도 간 정합성 내지 불평등 문제 등 어느 하나도 속 시원하게 풀어주지 못할 가능성이 높다. 이런 산적한 문제들을 일거에 해결할 수 있는 이상적인 돌파구는 구조적 개혁이다. 이것이야말로 제도 간 상생은 물론 국민노후보장 증진에도 가장 효과적이기 때문이다. 모수개혁은 현세대 노인빈곤 문제에는 거의 기여하지 못하면서 인구고령화 등 환경변화의 위험을 국민연금이 다 지겠다는 것으로 제도의 지속성을 담보할 수 없고 위험 분산의 원리를 효과적으로 활용하지 못하는 우를 범하는 것이다. 이것이 바로 구조개혁 후에 모수개혁을 해도 결코 늦지 않는 이유이다.

하지만, 구조개혁은 보건복지부 중심의 현재의 개혁추진 체계로는 사실상 어렵다. 구조개혁은 노후보장의 중심축을 보험료 조달의 국민연금에서 조세조달의 기초연금으로 옮기는 것이 핵심이다. 결국 구조개혁은 미래 연금 지출을 보험료 인상이 아니라 조세부담의 인상 내지 재정지출 구조의 조정 등을 통해 조달하는 것을 전제로 하는 만큼 개혁 논의를 범정부차원 즉, 대통령실 등이 중심이 되어 국민적 공감대를 형성하고 추진해 나가는 것이 정도라고 판단된다. 아쉽게도 현 정부는 이미 스스로

개혁의 방향과 폭을 모수개혁에 제한해 버린데다 개혁의 최종
책임과 공조차도 국회로 넘겨버렸다. 물론 국회에서 구조개혁
을 포함한 추가적 논의를 한다고 하지만, 표를 의식하는 국회가
책임을 갖고 크고 복잡한 개혁을 성사시킬 가능성은 높지 않다.
이런 점에서 이번 정부의 연금 개혁은 보험료율이나 연금 지급
연령 등 제도의 모수를 찔끔, 그것도 장기간에 걸쳐 올리는 것으
로 마무리될 가능성이 높게 점쳐진다.

04

탄소중립과 전력 시장의 규제 개선

조영탁(한밭대학교 경제학과 교수)

| 한국경제의 탄소중립에서 전력부문이 매우 중요하다

지구온난화를 방지하기 위한 탄소중립으로 에너지 문제가 모든 국가의 중요한 이슈로 부각되고 있다. 한국경제도 지난 정부에서 도전적인 2030년 온실가스 감축목표와 함께 2050년 탄소중립을 국제 사회에 약속하였다. 한국경제가 탄소중립을 달성하려면 연간 약 7억 톤 내외의 탄소배출량을 약 0.4억 톤 내외의 탄소흡수량(산림 등에 의한 흡수) 수준으로 줄여야 한다. 이는 한국경제의 산업, 수송, 가정 및 상업부문이 사용하는 석유, 석탄, 가스 등의 화석 연료는 물론 이들 부문이 사용하는 전력도 대부분 무탄소 에너지로 전환해야 함을 의미한다.

이 가운데서 전력은 매우 중요한 의미를 지닌다. 우선, 대부분 국가들처럼 우리나라도 전력부문이 전체 온실가스 배출량에서 차지하는 비중(30% 초반 내외)이 제일 높다. 산업부문이 그 다음으로 높지만 우리나라는 에너지 다소비형 제조업이 많고 저탄소형 산업 구조로 전환하는 데에 상당한 시간이 걸릴 것으로 판단된다. 수송부문은 화석 연료를 사용하는 내연 기관이 대부분이고 친환경차 보급에도 장기간이 소요될 것으로 판단된다. 이는 중단기적으로 한국경제의 탄소감축을 위해서는 전력부문이 선도적 역할을 해야 함을 의미한다.

둘째, 장기적으로 산업·수송·가정 및 상업부문이 사용하는 화석 연료가 점차 전력으로 전환될 것으로 전망된다(이른바 '에너지의 전력화'). 탄소의 포집·활용·저장Carbon Capture Utilization and Storage으로 화석 연료를 계속 사용할 수도 있지만, 소요 비용과 저장장소의 불확실성으로 인해 상당량의 화석 연료는 태양광, 풍력, 원전과 같이 무탄소 전력에너지로 전환될 가능성이 높다.

실제로 가정 및 상업부문의 냉·난방은 이미 전력으로 많이 전환되었고, 수송부문은 최근 전기차 보급으로 석유에서 전력으로 전환하는 초입 단계에 있다. 산업부문이 사용하는 화석 연료 역시 장기적으로 무탄소 전력이나 이를 전환한 수소 형태로 바뀔 가능성이 높다. 한국경제가 사용하는 화석 연료가 대부분 전력 형태로 전환된다면, 우리나라 전력 수요는 지금보다 최소 2배 이상 증가할 것으로 보인다. 이상의 두 가지 요인을 감안해볼 때 사실상 전력부문이 한국경제의 중단기 탄소배출 저감, 나아가 장기 탄소중립을 좌우한다고 해도 과언이 아니다.

| 전력부문의 탄소감축을 위해서는
전력수요 절약이 제일 중요하다

현재와 미래의 전력수요를 무탄소 전력으로 공급하여 탄소 배출을 줄이는 데에는 당연히 많은 시간과 비용이 소요된다. 설령 대량의 전력을 무탄소로 생산하더라도 이를 수요지로 보내기 위해서는 지금도 부족한 송전망의 추가 건설이 필요하다. 이미 경험했듯이 인구 밀도가 높고 협소한 우리 국토 여건하에서 대규모 송전망의 추가 건설은 극심한 사회적 갈등을 유발한다.

따라서 탄소 배출 감축은 물론 송전망 건설의 최소화를 위해서는 전력수요를 절감하는 것이 최선의 방책이다. 전 세계의 모든 국가들도 탄소중립의 가장 효과적이고 경제적 수단으로 전력수요 절약을 강조하고 이를 최우선적으로 추진하고 있다. 더구나 지정학적 문제로 국제 연료 가격이 폭등하고 수급 위기가 발생하는 상황에서 전력수요 절약은 탄소 배출 감축을 넘어 연료수입 감소를 통해 무역수지 안정과 에너지 안보에도 기여한다.

전력수요를 획기적으로 절약하기 위한 전제이자 핵심은 바로 전력 시장의 가격 신호, 즉 전력 요금이 시장 원가와 외부 비용인 탄소비용을 반영하는 것이다. 전력 요금이 시장 원가를 넘어 탄소비용까지 반영해야 탄소 저감을 위한 수요 절감이 가능하고, 수요 절약과 관련된 기술 및 설비투자도 활성화된다. 전 세계 모든 국가에서 '탄소가격신호Carbon Pricing'를 탄소중립의 핵심으로 거론하는 것도 이와 무관하지 않다.

우리나라도 역대 정부 모두 예외 없이 탄소배출 저감을 위한 수요절약을 강조하고 이를 위한 감시와 단속 등의 수단을 동원했지만 큰 성과를 거두지는 못했다. 그 주된 요인은 정부가 전력 시장에 자의적으로 개입하고 전력 요금을 과도하게 통제했기 때문이다. 주요 선진국에서 전력 요금은 전력 시장에서 결정되고 정부와 독립적인 위원회가 이를 감시하고 규제하고 있다. 우리나라는 외형상 공기업인 한전이 제시하는 전력 요금을 정부가 승인하는 것으로 되어 있지만 사실상 정부가 직접 전력 요금을 결정한다. 이러한 구조하에서 전력 요금은 '시장원리'보다 '정치논리'에 좌우될 가능성이 높다. 실제로 우리나라 전력 요금은 선거 득표나 여야 간 정쟁의 단골 메뉴로 등장하였고, 물가안정이나 산업경쟁력을 이유로 탄소비용은커녕 발전연료비도 제대로 반영하지 못하는 경우가 많았다.

이렇게 시장 원가와 탄소비용이 가격신호를 통해 수요자에게 전혀 전달되지 않는 구조하에서는 수요자의 직접적인 수요절약은 물론 대규모 절감 효과를 유발하는 기술개발과 설비투자를 기대하기 어렵다. 선진국에서 급성장하고 있는 에너지절약전문기업ESCO, Energy Service Company이 유독 한국에서만 지지부진한 것은 그 단적인 증거다. 탄소중립 시대에 걸맞은 획기적인 수요절약은 홍보나 단속이 아니라 절약기술 및 설비의 시장산업화가 더 효과적이다. 이런 차원에서 전력 시장에 대한 정부 개입과 통제는 탄소중립의 핵심인 수요 절약의 가장 큰 장애요인이다.

│ 안정적인 무탄소 전력 전환을 위해서는 발전원간의 균형이 중요하다

전력수요 측면에서 수요 절약이 중요하지만, 공급 측면에서는 무탄소 발전설비를 확대하는 것이 핵심이다. 우리나라도 역대 정부를 거치면서 무탄소 발전원으로 원전 혹은 재생에너지의 확대를 의욕적으로 추진한 바 있다. 그 의도와 배경은 이해가 되나 정부의 성향에 따라 특정 전원의 쏠림현상이 심했다고 판단된다. 따라서 우리의 현실 여건하에서 안정적으로 저탄소 전력을 확대하기 위해서는 발전원간의 균형이 필요하다.

우선, 원전의 경우 과거 저탄소 녹색성장의 일환으로 전력 공급의 60%를 원전으로 달성한다는 정책을 추진한 바 있다. 주민 수용성은 차치하고 우리나라 계통 여건상 출력조절이 어려운 원전을 그처럼 과도한 비중으로 높이는 것은 불가능하다. 최근 새 정부 출범으로 원전 역할을 제고하는 논의는 필요하나 일부에서 언급하는 대형 원전의 추가 건설은 송전망 문제와 주민 수용성 문제로 불확실성이 매우 높다. 계속 증가하는 방사성 폐기물(사용 후 핵연료)의 안전한 최종처분 문제도 원전이 해결해야 할 또 다른 제약 조건이다. 물론 기존 원전은 2030년 감축목표 구현과 전술한 전력부문의 선도적 감축을 위해 안전성과 수용성을 전제로 한 계속운전이 필요하다. 이와 함께 탄소중립을 위한 원전의 미래 옵션으로 소형 원자로Small Modular Reactors의 기술개발도 병행해야 한다.

둘째, 지난 정부에서는 탈원전 기조하에 원전과 화력발전 등 모든 전통 발전원을 배척하고 재생에너지를 최우선으로 강조한 바 있다. 다른 OECD 국가에 비해 우리나라의 재생가능에너지 보급이 저조하여 획기적인 확대가 필요한 것은 사실이나 현재 여건상 중단기적으로 급속한 확대는 쉽지 않다. 경제적 측면에서 재생에너지의 발전단가가 지속적으로 하락하고는 있으나 우리나라에서는 여전히 전통 발전원에 비해 비싸다. 입지 측면에서 태양광은 호남 등 특정 지역에 집중되어 전력수요가 집중된 수도권으로 송전이 여의치 않으며, 육상 및 해상풍력에 적합한 지역은 자연보전지역이나 어민의 생활터전인 어업권 지역

이어서 갈등과 불확실성이 크다.

무엇보다 결정적인 제약 조건은 우리나라가 외국과 전력망이 연결되어 있지 않은 고립계통이어서 기후여건 악화로 대량의 태양광이나 풍력발전이 불가능하게 될 경우 이를 긴급히 대신할 전력을 외국에서 송전받을 수가 없다는 점이다. 또한, 우리나라 재생에너지의 산업적 기반이 취약하여 산업육성 및 고용창출이 여의치 않다는 점도 있다. 이러한 경제성, 입지 및 계통 그리고 취약한 산업기반을 감안할 때 재생에너지의 무리한 보급목표에 집착하기보다 실현가능한 목표하에 산업기반 형성을 병행하는 방안이 현실적이다.

셋째, 무탄소 전력 공급이 장기 방향이라고 해서 현재 보유하고 있는 석탄발전과 가스발전을 무조건 축소하거나 배척해서는 곤란하다. 탄소중립 과정에서 발생할 수 있는 전력 수급의 불안정에 대비하여 이들 설비를 유지·활용하면서 석탄발전에는 암모니아 혼소, 가스발전에는 수소 혼소의 기술개발로 탄소배출 저감 노력을 병행해야 한다.

요컨대 에너지 다소비형 제조업 중심의 산업 구조이면서 화석 연료나 재생에너지 등 모든 에너지 부존 여건이 좋지 않은 한국경제에서 특정 전원을 의도적으로 배제하는 정책은 현실적이지 않을 뿐만 아니라 소모적인 사회적 갈등만 유발한다. 따라서 안정적인 무탄소 전력 확대를 위해서는 특정 전원에 대한 정치적 편향을 제거하고, 중단기적으로 재생에너지의 실현

가능한 확대, 원전의 계속운전, 가스발전과 석탄발전의 저탄소화를 모두 활용하는 '과도기적 무지개 전략'을 취할 필요가 있다. 이와 함께 탄소중립의 관건인 혁신적인 탄소저감 기술의 연구개발R&D에 최대한 노력할 필요가 있다. 탄소중립 시대의 에너지 신기술은 새로운 성장산업 육성과 일자리 창출에 매우 중요하기 때문이다.

이러한 무지개 공급 전략에서도 수요절약 문제와 마찬가지로 정부의 시장 개입과 요금 통제는 애로로 작용한다. 재생에너지, 소형 원자로, 화력 발전의 저탄소화 기술은 모두 전통 전원보다 발전 원가가 비싸기 때문에 현재와 같이 전력 요금이 통제되는 상황에서는 이들 설비의 투자비용이 전력 시장에서 요금을 통해 안정적으로 회수되기 어렵다. 현재의 통제구조하에 진행된 재생에너지 보급 및 탄소저감 비용들이 모두 사업자의 적자로 누적되고 있는 것은 대표적인 사례다. 이러한 통제구조하에서는 무탄소 전력 확대를 위한 과감한 투자와 그 필수조건인 원활한 금융지원을 기대하기 어렵다. 오랜 기간 우리나라가 수요절약보다 공급확대, 공급확대도 탄소 저감 설비나 친환경발전기술보다 저렴한 대형원전과 석탄설비에 치중한 것도 정부의 요금 통제와 무관하지 않다. 정부의 과도한 요금통제가 결과적으로 전력산업 생태계 전체를 저렴한 요금하에서만 생존 가능한 설비 및 기술에 록-인lock-in시킨 셈이다.

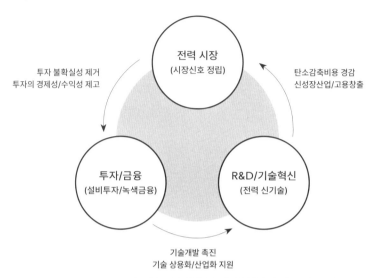

[그림 3-2] 전력 시장의 개혁과 탄소중립의 선순환구조

투자 불확실성 제거
투자의 경제성/수익성 제고

전력 시장
(시장신호 정립)

탄소감축비용 경감
신성장산업/고용창출

투자/금융
(설비투자/녹색금융)

R&D/기술혁신
(전력 신기술)

기술개발 촉진
기술 상용화/산업화 지원

자료: 한국에너지학회-한국자원경제학회 제2차 공동세미나 자료집, 2021

| 탄소중립의 첫 단추는 전력 시장의 규제 제도 개선이다

이러한 정부의 개입과 통제가 저렴한 전력의 안정적 공급이 과제였던 개발 연대기에는 긍정적으로 작용하였다. 하지만 수요절약과 탄소 저감 설비 및 기술개발이 중요한 탄소중립시대에는 적합하지 않다. RE100*이나 탄소국경조정제도Carbon Border Adjustment Mechanism가 시사하듯이 앞으로 산업부문의 국제경쟁력도 저렴한 전력이 아니라 무탄소 전력에 달려 있기 때문에 현

---

*　　기업이 사용하는 전력 100%를 재생에너지로 충당하겠다고 약속하는 글로벌 캠페인.

재의 시장 통제 방식은 전력부문의 탄소중립은 물론 한국경제의 혁신성장에도 적합하지 않다.

따라서 전력부문과 한국경제의 탄소중립을 위해서는 [그림 3-2]에서와 같이 시장 원가와 탄소비용을 반영하는 '시장신호의 확립', 이에 기초한 수요절약과 무탄소 설비 및 기술에 대한 '과감한 투자와 원활한 금융', 과감한 투자가 촉발하는 '연구개발과 기술혁신'라는 3자간의 선순환 효과를 창출할 필요가 있다. 이러한 전략의 대전제이자 출발점이 현재의 전력 시장에 대한 정부 개입과 통제를 정부와 독립적이고 전문성을 갖춘 위원회의 규제 방식으로 전환하는 것이다.

물론 독립적인 규제위원회 방식이 제대로 성과를 내기 위해서는 위원회의 구성, 운영 그리고 권한 등이 명확히 정립되어야 할 것이다. 또한 규제위원회도 시장 원가와 탄소비용은 물론 국민경제 여건과 물가 수준 그리고 빈곤층의 에너지 복지 등을 종합적으로 고려하여 공정하고 투명한 기준과 원칙하에 운영되어야 할 것이다. 이러한 독립적인 규제위원회 방식을 통해 전력 시장 및 요금에 대한 정치적 개입을 줄이고 전력부문의 수급 양측면의 탄소배출 저감에 효과적인 가격신호를 정립할 수 있을 것이다. 이는 정부가 직접 전력요금을 결정하는 것에 따른 정쟁을 피할 수 있는 방안이기도 하다.

탄소배출 감축이 한국경제에 본격적으로 논의되기 시작한 이후 십여 년 동안 역대 정부들이 도전적인 온실가스 감축목표를 선언하고 이를 달성하기 위한 전력수요 절감과 원전(저탄소 녹색성장) 혹은 재생에너지(탈원전과 에너지 전환)의 공급확대라는 야심찬 정치구호를 내걸었지만 목표를 달성하지 못한 채 사회적 갈등만 증폭시킨 측면이 있다. 원인은 복합적이지만 가장 주된 요인은 전력 시장에 대한 정부 개입과 통제로 탄소중립에 부합하는 가격신호를 제대로 정립하지 못한 것이다. 지난 십여 년의 경험이 시사하듯이 진정한 탄소중립은 요금 통제하의 정치구호가 아니라 합리적 규제하의 시장신호에서 출발한다.

05 경제안보 3대 리스크에 대한 전략적 대응 필요

연원호(대외경제정책연구원 경제안보팀장)

| 경제안보란 무엇인가?

올해 우리나라 대선 과정과 5월 한미 정상회담 등에서 경제안보 이슈가 큰 주목을 끌었지만, 경제안보 이슈가 부상하게 된 계기는 미중 간 경제와 안보를 결합한 전략 경쟁이 첨예화되면서부터라고 할 수 있다.

경제안보란 외부의 경제적 위협과 위험으로부터 국가와 국민의 생존을 지키는 것이라고 정의할 수 있다. 그리고 국가와 국민의 생존은 현재의 생존과 미래의 생존으로 나누어 생각할 수 있다. 현재의 생존은 최근 각국이 주목하는 공급망 안정화와 밀접한 관련을 갖고 있다. 에너지 안보나 식량 안보 등이 그 예다. 미래의 생존은 우리의 경쟁력에 달려있다는 측면에서 첨단기술과 전략 산업의 육성과 관계되어 있다. 따라서 주요국이 현재 쏟아내는 경제안보 정책들을 유심히 살펴보면 경제안보라는 정책목표 아래 크게 안정적 공급망 확보와 첨단기술 및 전략산업 육성에 초점이 맞춰져 있는 것을 확인할 수 있다.

| 바이든 정부 출범과 경제안보

2021년 1월 출범 이후 바이든 정부는 경제안보 관련 현황 파악 및 검토에 주력했다. 2월 행정명령을 통해 우선적으로 100일 동안 반도체, 배터리, 희소 금속, 의약품 4개 핵심 품목에 대한 공급망 취약성 분석을 했고, 2022년 2월 국방, 보건, 정보통신기술, 에너지, 물류, 농산품 및 식품과 관련된 6개 주요 산업 분야의 공급망 실태 및 공급망 취약성에 대한 대응 조치를 담은 실태 보고서를 발간했다.

2021년이 실태조사의 해였다면 2022년은 분야별로 실제적인 조치들이 취해진 해였다고 할 수 있다. 특히 2021년 검토했던 4가지 핵심 분야를 중심으로 공급망 강화와 국내 산업 육성을 위해, 반도체에서는 반도체 및 과학법CHIPS and Science Act, 배터리 및 희소 금속과 관련해서는 인플레이션 감축법, 의약품과 관련해서는 바이오 행정명령EO 14081*을 모두 2022년 8월 및 9월에 발효시켰다.

또한 자체적인 역량 강화에 초점이 맞춰진 위 조치들과 함께 가치를 공유하는 우방국들과의 협력에 관한 조치들도 다양하게 이뤄졌다. 대표적인 것이 2022년 5월 미국 주도로 출범한 인도태평양 경제프레임워크다. 또한 6월에는 미주판 IPEF라 할 수 있는 미주경제번영파트너십, 희소 금속과 관련한 11개국의 모임인 핵심광물안보파트너십MSP, Minerals Security Partnership 등도 발표되었다.

| 경제안보 관련 향후 전망

2022년 현재까지 핵심 품목을 중심으로 분야별 조치들이 강화되었다면 2023년에는 기능별 조치가 강화될 가능성이 커 보인다. 우선 2022년 9월 15일 바이든 대통령은 외국인투자심사를 강화하는 행정명령에 서명을 했다. 위 조치를 통해 중국, 러시아 등 미국이 생각하는 우려국가와 경제적·비경제적 연관성이 깊은 제3국 기업의 미국 기업 인수·합병 시도까지도 제재하겠다는

---

*   EO 14081, Advancing Biotechnology and Biomanufacturing Innovation for a Sustainable, Safe, and Secure American Bioeconomy

미국 정부의 기조를 엿볼 수 있다.

향후 미국은 아웃바운드 투자에 대한 심사를 강화하기 위한 새로운 조직 설립에 나설 가능성도 커 보인다. 목적은 미국의 자금이 중국을 포함한 우려 국가의 기업 육성에 활용되는 것을 막아보겠다는 것이다. 이러한 내용은 2022년 2월 하원에서 통과된 미국경쟁법안America COMPETES Act의 일부로 포함된 국가핵심역량방어법안NCCDA, National Critical Capabilities Defense Act에서 확인된다.

또한 미국은 더 이상 국제기구에 기반한 문제 해결에 나서지 않을 것으로 보인다. 중국이 포함된 국제기구는 근본적으로 원활히 작동할 수 없다는 시각이다. 대표적인 사례가 WTO다. 중국이 2001년 WTO에 가입했을 때 미국은 중국이 경제개혁의 길을 계속 확대하여 시장지향적인 경쟁 기반의 무역 및 투자 규범과 관행을 내재화할 것으로 기대했다. 그러나 최근 미국은 이러한 희망이 착각에 불과했고 중국이 WTO 가입의 이점만을 활용하여 국내 시장을 체계적으로 보호하면서 세계 최대 수출국이 되었다고 인식한다. 결국 미국은 WTO 체제를 마비시켰고, 향후에도 지속해서 가치를 공유하는 국가들과만 소그룹을 형성하며 협력을 추구할 가능성이 커 보인다.

| 경제안보 3대 리스크

종합해보면, 우리가 현재 직면한 글로벌 경제안보 리스크는 크게 (1)경제 블록화*, (2)공급망 재편, (3)기술 및 산업 경쟁 심화로 볼 수 있다.

(1) 경제 블록화

대중국 정책에 있어 트럼프 정부와 바이든 정부의 가장 큰 차이점은, 그 목표가 트럼프 정부의 경우 중국의 변화 유도였던 반면, 바이든 정부는 중국의 변화가 아닌 중국과의 전략경쟁에 유리한 환경 조성에 있다. 따라서 미국은 현재 가치에 기반한 지역별, 기능별 소다자주의minilateral initiatives를 구축하고 동맹국 및 가치를 공유하는 주요 파트너 국가들과 연대를 강화하고 있다.

특히 2021년 6월 미국-EU 무역기술위원회TTC. Trade and Technology Council 출범을 시작으로, 9월 오커스AUKUS** 안보파트너십, 2022년 5월 14개 국가와 인도태평양 경제프레임워크, 6월 미주 대륙에 위치한 국가들과 미주경제번영파트너십, 11개 국가들과 핵심광물안보파트너십, G7 국가들과 글로벌인프라 투자파트너십PGII. Partnership for Global Infrastructure and Investment 등을 연

---

* 자국의 이익을 위해 지역적·문화적으로 인접한 국가들끼리 경제적 이익을 위한 국제기구를 만들어 공동보조를 취하는 지역주의화 현상을 말한다.

** 호주(Australia), 영국(UK), 미국(US) 등 3개국의 외교 안보 3자 협의체.

속해서 출범시키고 있다. 이에 더해 러시아-우크라이나 전쟁은 러시아, 중국과 같은 권위주의 국가와 서방 자유민주주의 진영의 디커플링을 한층 가속화하는 계기가 되었다.

이러한 가운데 미국은 동맹국으로서 한국에 연대와 역할 확대를 요구하고 있으며, 중국은 한국과의 협력 관계 유지를 희망하면서도 한국이 미국의 정책에 동조하지 못하도록 연일 압박하고 있다. 결과적으로 동맹국인 미국이 반중 경제 블록을 추진하면서 한국의 동참을 강하게 압박할 경우 한중 경제 관계 축소는 필연적으로 보인다. 이는 두 가지 경로로 나타날 것으로 보이는데, (1)한국이 미국의 대중 제재를 따를 경우 직접적으로 대중 수출 및 중국 내 사업이 미국의 제재에 노출되며 타격을 받을 것이며, (2)한국이 미국의 앞선 기술력, 금융패권, 동맹관계 등을 이유로 미국에 전면적으로 편승하게 될 경우 중국의 경제 보복에 노출될 가능성도 크다.

(2) 공급망 재편

공급망의 혼란은 자연재해와 같은 불가항력적인 요인으로 인해 야기될 수도 있지만, 때로는 공급망상 일부 국가의 의도적 정책에 의해 야기될 수도 있다. 코로나바이러스 발생 초기 중국은 마스크 수출을 코로나바이러스 백신 개발 이후 미국은 백신 수출을 통제했다. 우리는 핵심 물품의 국제 분업화가 이뤄진 상황에서 비상시에 경제논리보다 자국우선주의가 우선될 가능성이 크다는 점을 배웠다.

　미중 전략 경쟁의 심화는 위기 시뿐만 아니라 평상시에도 전략적 목적에 의해 공급망을 활용한 경제적 공세가 일어날 수 있다는 우려와 그것이 미칠 위험성에 대해서도 생각하게 했다. 최근 안정적인 공급망 구축에 대한 강조는 공급망 취약성에 대한 깨달음, 그중에서도 신뢰할 수 없는 특정 국가에 대한 공급망 의존도와 그에 따른 국가안보에 대한 우려에 그 근본적인 배경이 있다고 볼 수 있다. 2021년 2월 공급망 조사 행정명령에 서명하는 자리에서 바이든 대통령은 "국가 비상시 국민을 보호하고 국민에게 필요한 것을 공급하려면 우리의 이익과 가치를 공유하지 않는 나라에 의존해서는 안 된다"라고 언급하였는데 이것은 '효율성'에서 '안정성' 추구로의 국제통상 패러다임 변화를 단적으로 시사한다.

　문제는, 안정적 공급망 구축이 만약의 위기에 대비한 중복성 구축을 핵심으로 하기 때문에, 필연적으로 비경제적 비용을 동반한다는 점이다. 거의 발생하지 않을 위기를 위해 경제성을 무시하고 리쇼어링한다거나, 영향받을 물품을 대량 비축하고, 인재를 확보하는 것은 경제적 효율성과 거리가 멀다. 결국 우리 기업과 정부 모두가 글로벌 공급망 재편 과정에서 기회비용 및 마찰비용을 지불해야 한다는 점과 그 비용의 폭과 깊이를 가늠하기 어렵다는 점은 상당히 큰 위험 요인이다.

(3) 기술경쟁 심화와 각국의 산업정책 강화

미중 대립의 장기화가 불가피해 보이는 가운데, 기술혁신 역량의 글로벌 경쟁력 유지가 우리에게도 중대한 과제가 되었다.

미국을 포함한 서구의 압박을 받는 중국은 첨단기술의 국산화를 가속화할 것으로 전망된다. 실제로 중국은 2021년 '쌍순환' 정책을 내세우며 자체 공급망 구축과 같은 경제적 자립자강과 핵심 원천기술 개발 투자 강화 등 첨단기술의 자립자강 전략을 펴고 있다. 반면, 중국을 신뢰할 수 없는 경쟁자로 인식하는 서구는 이에 위협감을 느끼고 첨단기술 분야에서 정부주도의 산업정책 확대에 나서고 있다. 2021년 12월 하버드대 벨퍼센터의 그레이엄 앨리슨 교수 등이 작성한 보고서 〈The Great Tech Rivalry: China vs. the US〉는 중국의 산업정책에 힘입어 10년 뒤 중국이 AI, 양자통신, 반도체, 바이오, 그린에너지 분야와 같은 기반기술에 있어 미국을 추월할 가능성을 제기하며 미국의 여전히 높은 경계심을 보여주었다.

대중국 견제의 핵심 수단 중 하나가 자체 역량 강화인 만큼 서구 주요국의 산업정책도 더욱 강화될 전망이다. 대표적으로 미국이 발효한 '반도체·과학법'은 미중 간 경쟁이 치열한 중점 산업의 기술개발 및 생산에 약 2,500억 달러를 지원하는 내용을 다루고 있다. 반도체 산업 지원을 위한 527억 달러 이외에도 국가 전략기술 육성, 혁신 역량 구축, 에너지 안보 기술개발 등을 위해 약 2,000억 달러가 향후 5년간 투입될 예정이다. EU도

2030년까지 디지털 전환에 1,500억 유로, 그리고 2022년 2월 발표한 유럽 반도체법European Chips Act에서 반도체 산업 강화에 430억 유로를 사용할 계획을 밝혔다.

결국 당분간 미중을 포함한 주요국들이 모두 정부 주도로 자국 내 첨단기술 역량 강화에 나설 것으로 전망되는 가운데 장기적으로 첨단기술 분야의 무한경쟁 시대가 펼쳐질 것이다. 특히 주요국이 목표로 하는 기술 및 산업 분야가 반도체, 배터리 등 우리나라가 현재 주력으로 하는 분야라는 점에서 장기적으로 우리의 경쟁력 유지가 우려된다.

| 우리의 대응

당분간 자유무역과 투자유치를 과도하게 저해하지 않으면서도 경제안보를 확보할 수 있는 체제를 갖췄는지 여부에 따라 각국의 성패가 갈릴 가능성이 크다. 따라서 우리는 당분간 계속될 미중 간 전략 경쟁 시대에 '안보의 시각에서 경제를 바라본다'는 인식 아래, 경제적으로 추가 비용을 지불하더라도 우리의 첨단기술 및 전략 산업의 육성·보호와 함께 경제안보 체제 완비에 나서야 하는 상황임을 인식할 필요가 있다.

특히 미중 간 갈등의 첨예화는 미국과 중국의 국내 정치적 불확실성을 높이고, 이것이 양국의 비합리적인 정책 결정으로 이어지며 우리에게 부정적 영향을 미칠 수 있음에 유의해야 한다. 대표적인 사례가 2022년 11월 미국의 중간선거를 앞두고 8월 발효된 인플레이션 감축법이라고 할 수 있다. 지지도가 낮은 민주당으로서는 중간선거를 앞두고 여론 전환을 위해 IRA를 무리하게 밀어붙인 측면이 커 보인다. 특히 전기차 보조금 관련된 조항은 미국이 그간 주장하고 지지해왔던 자유경쟁의 시장경제 규범에 반하고 있다는 점에서 충격적이다. 문제는 2024년 미국 대선을 앞두고 2023년 하반기부터 대선 정국으로 들어가게 되면 이러한 비합리적인 조치들이 더욱 늘어날 가능성을 배제할 수 없다는 점이다.

우리 정부는 기업들과 함께 미국과 중국의 경제안보를 위한 법 제정 동향에 주목하고 대미·대중 협상력을 높임과 동시에, 자체적인 경제안보 관련 법제도 정비를 위해 협력할 필요가 있다. 최근 한국의 기술력과 생산력에 대한 평가가 높아지면서 우리의 전략적 위상과 함께 대외 레버리지도 강화되고 있다. 과도한 우려보다는 경제안보 시대를 맞아 우리의 레버리지를 십분 활용하며 전략적으로 그리고 적극적으로 대응해 나가야 할 중요한 시기다.

4장
2023년
교차점에 선
산업과 기업

혼돈과 전환의 교차점에서
우리 산업과 기업은 어디로

박규호(한신대학교 경영학과 교수)

2022년과 그 이후 시기는 반세계화 흐름과 팬데믹의 후유증이 결합된 혼돈의 시기로 기억될지도 모른다. 소련의 붕괴 이후에 미국 주도로 중국을 안으면서 가속화했던 세계화가 트럼프 시대 때부터 본격적으로 뒷걸음치기 시작했고 그 후퇴는 바이든 시대에 가속화되고 있다. 100여 년 만에 다시 등장한 전 세계적인 팬데믹은 2년 만에 물러나는 조짐을 보였지만, 그게 원상태로의 회귀를 가져오는 것은 아니었다. 결과적으로 미국 위주의 일극 패권 체제는 미중 갈등과 자국우선주의로 틈이 보였고, 러시아-우크라이나 전쟁은 안정적인 원자재 조달을 어렵게 만들었다. 주요 분야의 글로벌 공급망은 더 이상 과거의 방식을 유지할 수 없게 되었지만, 어떻게 재편될지 그 방향성도 명확하지 않다. 팬데믹 시기에 세계 각국이 각자도생 방식으로 전례 없는 경기부양책을 쏟아 대응했는데, 엔데믹 시기에는 부양책 후유증을 비롯한 여러 가지 원인이 결합돼 발생시킨 높은 인플레이션에 전 세계가 적절한 대처를 찾지 못하고 우왕좌왕한 모습을 보이고 있다. 세계화의 후유증에 따른 반세계화의 움직임과 팬데믹의 후유증이 합쳐져 향후 경제환경이 어찌 될지 모르는 혼돈의 시기가 도래한 셈이다.

그렇지만 동시에 전환의 추세는 계속되고 있다. 고물가, 고금리, 고달러라는 경제침체의 현실 속에서 전 세계적으로 디지털로의 전환과 에너지 전환 등은 어느 정도 조정되더라도 그 추세 자체는 당분간 지속될 것으로 보인다. 2021년까지 전 세계적인 화두였던 가상자산과 메타버스는 소강상태에 접어들었지만, 인공지능과 로봇, 자율주행, 2차 전지에 대한 투자와 기술 진보, 반도체를 둘러싼 칩 전쟁은 기세가 지칠 줄 모르고, 기존 기업과 신생 스타트업은 곧바로 전환의 시대를 맞이하기 위해 분주한 실정이다.

이 장에서는 혼돈의 상황에서 주목해야 할 국내 기업과 산업을 반도체, 2차 전지, 콘텐츠, 디지털 전환, 플랫폼, 스타트업

여섯 꼭지로 나누어 그 면면을 살펴보고자 했다. 우선 '산업의 쌀'이라고까지 불리는 반도체 분야는 반도체의 특성상 공급망이 전 세계에 연결되어있기 때문에, 미국의 중국 견제와 중국발 리스크를 의식한 미국이 자급자족 방식의 생산체제를 구축하는 등 보호무역주의로 기울고 있는데, 이것이 기존의 공급망에 어떠한 여파를 미칠지 혼란스러운 상황이다. 동시에 디지털 기술의 확산에 따른 꾸준한 수요 기반의 확대와 반도체 시장에서 미세화 선점을 노린 나노 전쟁은 계속될 전망이다. 이런 상황에서 국내 반도체 산업은 메모리 위주로 발전해왔다는 취약점을 어떻게 타개해 나갈 것이며, 동시에 엿보이는 반도체 생태계 확대 가능성을 2023년에 눈여겨봐야 할 것이다.

다음으로는 우리나라 주요 기업이 차세대 먹거리로 설정하고 있는 2차 전지 시장을 살펴보자. 화석에너지로부터의 탈출 추세에 따라 전기자동차 산업은 장기적으로 성장할 가능성은 여전하다. 하지만 러시아-우크라이나 전쟁으로 촉발된 에너지 대란에 따른 유럽의 정책 변화와 2차 전지 원자재 중 다수가 중국 의존도가 매우 높다는 사실이 불확실성에 불을 지피고 있다. 이러한 상황에서 글로벌 시장에서 상당한 점유율을 갖고 있는 국내 기업들은 2023년 독자적으로 원자재 확보에 주력하면서 수요 업체인 완성차 업체들과 전략적 제휴를 통해 글로벌 시장 나아가 중국 업체와 어떻게 경쟁할 것인가가 관건이다.

지난 몇 년간 한국 콘텐츠 분야는 글로벌 OTT의 급성장에 올라타 글로벌 차원에서 K-콘텐츠의 평판을 구축하는 데 성공할 수 있었다. 그렇지만 엔데믹으로의 전환과 국제적인 경쟁 격화로 넷플릭스 등 글로벌 OTT의 전략 변경은 불가피하고 이에 따른 기회와 위협에 국내 콘텐츠 분야가 어떻게 대응하고 그 과정에서 어떠한 역할을 수행할 것인가가 2023년에 중요한 관전 포인트가 될 것이다.

디지털 기술은 데이터와 인공지능 기술을 기반으로 급격하게 성장하고 확산되면서, 경제 전반의 디지털 전환Digital Transformation이란 과제를 지속적으로 던지고 있다. 국내 경제의 핵심인 제조업에도 생산 공정의 디지털화가 중요한 화두로 등장하고 있는데, 기술적 측면에서는 단시간에 최적화에 근접한 결과를 만들어내는 휴리스틱heuristic 탐색과 같은 발전에서 기존의 상상을 뛰어넘는 수준에 이르고 있다. 이러한 상황에서 국내 기업들이 쉽지 않은 전면적인 전환에 집중하기보다는 오히려 현실적으로 가치사슬 내에서 핵심 포인트에 집중하여 단계적인 전환부터 이루어내고 개별기업 위주가 아니라 국내의 가치사슬 전반에 협업을 구조화하면서 디지털 전환이 도모될 수 있을까가 관건이다.

플랫폼 분야에서는 2022년에 사회적 이슈 중 하나가 글로벌 모바일 플랫폼 업체의 '인앱결제' 강요였다. 모바일 OS를 장악한 글로벌 모바일 플랫폼의 전략에 우리나라의 로컬업체가 취약함을 여실히 보여주면서 향후 과제와 도전을 던져주고 있다.

혼돈의 시대와 전환의 시대의 교차점에서 놓인 기존 기업과 스타트업, 경제 패러다임의 변경과 글로벌한 전환에 대한 대응에 핵심인 기업은 유연한 스타트업일 수밖에 없다. 스타트업계에서도 팬데믹 시대의 풍족한 유동성으로 투자 규모에서 급격하게 외형 확장이 이루었으나, 점차 겨울철 빙하기로 진입하고 있다. 어느 정도의 쉬어감이 불가피한 겨우내, 그동안의 외형 확장이 대형 스타트업으로의 쏠림(투자 금액 기준)을 동반했다는 한계를 극복하고 스타트업 투자 분야의 다양화와 스타트업계의 내실 강화를 어떻게 이루어내느냐가 향후 우리나라가 전환에 효과적으로 대응할 수 있느냐에 관건이 될 것이다.

혼돈의 시대와 전환의 시대가 중첩되는 상황에서 글로벌한 공급망 재편이 어떻게 이루어질 것인지, 우리의 기존 기업은 어떠한 전략적 선택을 통해 대응할 것인지, 우리의 스타트업은 얼마나 성장해 중요한 지위를 차지하고 어떻게 산업과 경제 전반에 효과적인 전환을 가시화할 것인가라는 차원에서 2023년은 중대한 시기가 될 것이다.

01 | 반도체, 전쟁은 계속된다

최낙섭(SK mySUNI 수석연구원)

반도체를 가진 자가 세상을 지배하는 시대가 열리고 있다. 반도체 게임의 승자는 누가 될 것인가? 반도체 산업은 미래 첨단 산업으로 거론되는 인공지능, 바이오, 전기차 등 분야의 투자가 늘어날수록 그 수요 역시 함께 확대되는 특징을 갖고 있다. 이에 더해 미국과 중국의 지정학 갈등은 반도체에 없던 국경을 만들면서 반도체 시장을 더 복잡하게 만들고 있다. 반도체 확보를 위한 투자전쟁, 무역전쟁은 다양한 모습으로 2023년에도 우리의 눈과 귀를 사로잡을 것이다.

| 최첨단 반도체를 향한 나노전쟁

장면 1

미국의 바이든 대통령은 2022년 5월 취임 후 첫 한국 방문에서 바쁜 일정을 쪼개 삼성전자의 평택 반도체 공장을 찾았다. 한/미 대통령이 나란히 서서 삼성전자가 상용화한 3nm Nano Meter 기술이 적용된 최첨단 반도체 가동을 축하했다.

장면 2

미국의 펠로시 하원 의장은 2022년 8월 대만을 전격 방문하고 글로벌 1위 반도체 파운드리(위탁생산) 업체인 TSMC의 경영진과 회동했다. 펠로시 의장이 대만의 반도체 회사를 방문하면서 중국에 대한 정치인 특유의 메시지를 보냈다.

미국의 정치 지도자들이 앞서거니 뒤서거니 경쟁하듯 반도체 생산업체를 방문하는 이벤트를 벌이는 장면은 낯설게 느껴진다. 무엇이 이들을 움직이게 한 것일까? 정답은 이들이 방문한 삼성전자, TSMC에 있다. 지구상에서 10nm 이하의 최첨단 반도체를 생산하는 업체는 삼성전자, TSMC 2곳밖에 없기 때문이다. 2개 업체의 공장에 문제가 생기면 최첨단 서비스를 자랑하는 애플의 아이폰, 테슬라의 전기자동차는 반도체가 없어 올스톱된다.

애플, 테슬라를 비롯해서 구글, 마이크로소프트, 엔비디아

등 미국에는 빅테크 기업들이 즐비하다. 이들은 저마다의 영역에서 혁신 경쟁으로 그 분야의 1등 기업이 된 공통점을 갖고 있다. 이런 기업들이 한국과 대만을 문턱이 닳도록 찾아다니며 최첨단 반도체를 한 개라도 확보하기 위해 노력하고 있다. 현재의 스마트 기기는 소형화, 집적화로 빠르게 이동하고 있는데 이를 위해 최첨단 반도체는 필수적이다.

역설적이게도 미국에는 최첨단 반도체를 생산하는 공장이 없다. 다만 최첨단 반도체를 구입하는 빅테크 기업만 있을 뿐이다. 한때 미국의 반도체 기업인 인텔이 최첨단 반도체를 생산하기 위한 파운드리 사업부를 운영했었다. 그러나 인텔은 10nm의 기술 장벽에 막혀 2018년 파운드리를 철수한 바 있다. 미국이 최첨단 반도체 생산을 포기한 것은 기술이슈이면서 동시에 미국의 전략적 판단이기도 하다. 미국이 대규모의 투자가 지속적으로 필요한 대형 생산시설 유지보다는 부가가치가 높은 설계나 장비 쪽으로 집중한 결과이기도 하다. 글로벌 점유율에서 미국이 설계 70%, 장비 40%인 반면 생산 10%인 것은 이를 잘 반영하고 있다.

코로나바이러스가 많은 것을 바꿔 놓았다. 현재 글로벌 반도체 생산시설의 75%가 아시아에 집중됐다. 코로나바이러스에 따른 글로벌 공급망이 흔들리면서 미국 산업계는 큰 충격을 받았다. 반도체 생산을 다시 생각해 본 계기가 되기도 했다.

미국의 반도체 확보에 대한 절박함은 반도체 관련 분야에

520억 달러를 투자하는 법안을 전격 처리한 것에서 나타난다. 2022년 여름, CHIPS & Science Act(약칭 CHIPS법)는 이렇게 탄생했다. 미국에서 특정 산업을 육성하기 위해서 상원, 하원에서 경쟁적으로 관련 법안을 입안하고, 이를 기다렸다는 듯이 대통령이 신속하게 서명한 것이다. 미국의 정치권이 일사분란하게 한마음 한뜻으로 움직이게 한 것은 이런 절박함의 발로이다.

520억 달러 가운데 반도체 공장에 390억 달러를 직접 지원하고 25%의 투자세액공제를 적용한다. 미국이 백지수표를 내밀며 미국 내 최첨단 반도체 생산을 유치하는 데 큰 이정표를 세웠다. 이로써 삼성전자의 텍사스 공장, TSMC의 애리조나 공장은 정책 수혜를 받게 될 것으로 보인다. 다만 최첨단 공장 투자에는 최소 100억 달러 이상의 투자가 필요한데 공장당 50억 달러를 지원한다고 가정해도 최대 8개 정도의 공장만 신설 가능하다는 계산이 나온다. 미국 내 이미 10개 이상의 공장 신설이 발표된 상태에서 지원금을 받아내기 위한 물밑 경쟁이 치열해질 전망이다. 결과적으로 10nm 이하의 공장은 한국, 대만, 미국에서만 존재하게 됐다.

삼성전자, TSMC의 나노 경쟁은 새 국면을 맞게 됐다. 현재 삼성전자가 3nm를 먼저 상용화했지만 미세 공정의 물리적 한계로 알려진 1nm대 기술 개발을 위한 경쟁은 또 다른 차원에서 치열해질 것이다. 삼성전자는 2027년 1.4nm 상용화를 선언하며 1nm대 공정을 선점하겠다는 야심찬 계획을 발표했다.

반도체로 편 가르기

산업 육성이라는 명목으로 진행된 최첨단 반도체 확보의 대척점에는 상대방이 반도체를 확보하지 못하도록 방해하는 내용이 있다. 미국이 생각하는 상대방은 중국이며, 투자/무역을 망라한 분야에서 중국을 배제하려는 노력은 또 다른 측면에서 시장의 변동성을 높이고 있다. 미국의 타깃은 중국의 분야별 1등 기업이다. 구체적으로 반도체 설계(Huawei의 자회사 HiSilicon), 파운드리(SMIC)를 블랙리스트로 지정하여 거래를 막았다. 미국의 정치권에서는 시장에서 존재감을 높여가는 일부 기업들을 추가적인 블랙리스트 후보군으로 거론하고 있기도 하다.

2022년 통과된 CHIPS 법안과 보조를 맞추어 중국 규제에 대한 새로운 접근을 시도한다. 기존에 블랙리스트로 관리하던 방식에 더해 중국이라는 국가 전체와 거래를 제한하는 방식으로 정책을 바꾸고 있다. 미국이 절대적 우위를 보이는 반도체 장비에 레드라인을 만들어 중국을 옥죄는 것이다. 구체적으로 DRAM의 18nm이하, NAND의 128단 이상, 파운드리의 14~16nm이하에 필요한 장비 수출을 금지한 것이다. 이는 중국 기업이 상용화한 최첨단 수준이며, 각각 CXMT, YMTC, SMIC를 겨냥하고 있다. 이런 조치에 대해 미국의 반도체 장비 업체들은 반도체 생산시설이 가장 빠르게 증가하고 있는 중국 시장 상실에 대한 우려를 하고 있다. 이들은 미국의 규제가 당장 중국의 생산 능력을 막을 수 있지만 어느 순간 중국이 장비를 국산화할 경우 시장을 완전히 잃을 수 있다는 걱정을 하고 있는 것이다. 다른 측면에서는 중국 내 반도체 생산능력이 글로벌 전체의 20% 정도를 차지하는데, 장비 업체들의 중국 수출이 막히면 이 시장을 포기하라는 의미이다.

미국은 1:1로 중국을 상대하는 것에서 나아가 여러 국가를 묶어 중국을 견제하기 위한 노력도 동시에 진행하고 있다. 'CHIP 4'는 미국을 비롯해 한국, 일본, 대만 등 반도체 강국을 생산 네트워크로 묶겠다는 차원에서 구체화되고 있다. 미국의 설계능력, 한국과 대만의 생산능력, 일본의 소재/장비 능력을 결합하겠다는 것이다.

미국의 전방위 압박에도 불구하고 중국의 반도체를 향한 집념은 오히려 강해지고 있다. 중국이 반도체 국산화에 나설 이유가 더욱 분명해 지고 있는 것이다. 먼저 중국의 반도체 생산능력은 거칠 것 없는 식욕을 보이고 있다. 미국반도체협회에 따르면 2021년 중국은 28개 신규 반도체 공장을 짓기로 했으며 이를 위해 260억 달러를 투자하기로 했다. 반도체 빅펀드가 버티고 있어 중국은 단일 국가로는 전 세계에서 가장 많은 공장을 지을 태세다. 시장의 파이를 키워 소재/장비 등 글로벌 기업들을 불러 모으겠다는 구상이다.

둘째, 생산을 위한 기술 수준도 빠르게 높아지고 있다. 중국의 1등 파운드리 업체인 SMIC이 미국의 기술 견제에도 불구하고 최첨단 생산의 상징인 10nm를 돌파한 7nm가 적용된 제품을 생산했다는 뉴스가 큰 화젯거리가 됐다. 중국의 대표적인 NAND 생산업체인 YMTC는 애플 아이폰14에 제품을 공급하는 강력한 후보로 거론되기도 했다. 장비 분야에서도 중국은 일부를 제외하고 10nm대 장비를 자체 생산하며 기술 추격의 고삐를 당기고 있다. 미국의 기술 규제 속에서도 중국 기업의 저력이 만만치 않음을 보여주고 있다.

| 시장이 알려주는 신호

반도체는 정책의 영향을 많이 받기도 하지만 반도체 시장만의 특징이 있다. 반도체는 하나의 국가나 하나의 기업이 모든 걸 가질 수 없는 속성을 갖고 있다. 다시 말해 하나의 국가나 기업에서 생산에 차질이 생기면 어느 누구도 반도체를 가지지 못할 수 있는 상황이 발생할 수 있다는 것이다. 최첨단 반도체 생산에 필요한 핵심장비인 EUVExtreme Ultraviolet(극자외선)의 생산을 예로 들어 보자. EUV는 빛의 파장이 짧아 미세 공정에 최적화돼 있으며 실리콘 웨이퍼 위에 회로 패턴을 그리는 핵심장비이다. EUV를 최종 생산하는 기업은 네덜란드의 ASML이지만 진공시스템(영국), 광원(미국), 레이저 및 렌즈(독일), 포토마스크 및 포토레지스트(일본)의 기술이 결합돼 있다. EUV의 글로벌 밸류체인에는 5,000여 개의 회사가 참여하고 있다. 미국이 집중적으로 견제했던 중국의 파운드리 업체 SMIC도 반도체의 복잡한 시장 현상을 설명해주고 있다. 2021년 SMIC의 매출 가운데 미국에 본사를 둔 기업과의 거래가 전체의 17%를 차지한다. 중국에서 자동차나 가전제품을 생산하는 미국의 기업들은 SMIC을 통해 중국 내 공장에 필요한 반도체를 구매하고 있는 것이다.

둘째, 반도체 수요 기반이 폭발적으로 확대되고 있다. 모든 산업에서 디지털 전환이 가속화되면서 인공지능, 빅데이터, 메타버스 같은 디지털 3총사가 종횡무진하고 있다. 디지털 3총사가 반도체 수요의 블랙홀 역할을 하고 있다. 특히, 디지털 3총사의 기술이 구현된 전기자동차 시장의 성장은 주목할 만하다. EUV장비를 독점 생산하는 ASML의 반도체 시장 전망을 살펴보자. 현재 반도체 시장은 스마트폰, 개인용 컴퓨터가 전체 시장의 45%를 차지하고 있으며, 향후 5년간 비슷한 수요 흐름을 보여줄 것이다. 성장성 측면에서 자동차용 반도체 시장은 향후 5년간 16% 이상의 가장 높은 성장세가 예상된다. 전기자동차의 보급이 확대될수록 반도체 수요가 확대되는 현상을 설명하고 있다. 이에 따라 최근 들어 신규 반도체 공장이 들어서는 지역은 자동차 산업이 발달한 지역에 집중되고 있다. 대표적으로 TSMC, 글로벌파운드리, 인텔, 보쉬 등은 독일에 집중 투자하거나 투자예정이다.

셋째, 소재/장비의 황금기가 도래하고 있다. 소재/장비는 반도체 신규 공장 수요와 성장을 같이 한다. 2020년부터 반도체 투자 붐이 일면서 글로벌 시장에서 계획된 신규 공장 건설이 40개를 넘어서고 있다. 2020년 이전 연간 반도체 공장 증설이 10여 개에 불과했던 것과 비교하면 현재의 투자 붐이 얼마나 강한지 단적으로 말할 수 있다. 현재 발표된 신규 공장 건설이 계획대로 진행된다면 신규 공장 착공 이후 1년이 지나면 장비 발주가 시작되고, 2년이 지나면 소재에 대한 발주가 본격적으로 진행된다. 소재/장비 업체는 대형업체에 비해 회사 규모가 적어 한꺼번에 생산시설을 확대하기 어려운 특성을 갖고 있다. 반도체는 대표적으로 업황의 변동성이 큰 업종이다. 특히, 2000년대 초반 혹독한 불황을 거치며 메모리에서 삼성전자, 하이닉스, 마이크론의 3강 구도가 만들어진 것이 대표적이다. 이런 상황에서 무턱대고 투자를 늘릴 수 없는 한계가 있다. 한 번 생산시설에 사용된 소재/장비는 계속해서 사용할 정도로 시장 진입장벽도 높은 것이 사실이다. 어느 때보다 정밀한 수요 예측이 중요한 시점이다.

| 위협받는 반도체 코리아

미국과 중국의 갈등, 반도체 자체의 수요 기반 확대가 복잡하게 얽히면서 반도체를 둘러싼 불확실성이 높아지고 있다. 반도체 코리아는 안전지대에 있는 것인가? 1980년대 우리나라 기업이 DRAM을 들고 글로벌 시장에서 노크한 시점부터 보면 30여 년의 짧은 반도체 역사를 가지고 있다. 짧은 역사에 비해 성과는 눈부시다. 우리나라는 메모리(DRAM, NAND) 시장에서 절대 우위를 보이고 있다. 이 점이 미국과 중국의 반도체 전쟁 국면에서 우리나라의 효자노릇을 하고 있다. 그러나 전체 반도체 시장의 70%를 차지하는 메모리 이외 분야에서는 존재감이 약하다.

우리나라가 반도체 강국으로 가기 위해 메모리 분야의 보완보다 취약점으로 제기되는 시스템반도체에 대한 완전히 새로운 접근이 필요하다. 메모리 반도체와 시스템반도체의 기반이 되는 설계와 소재/장비 분야도 갈 길이 멀다. 우리의 능력과 의지에 따라서 발전가능성이 높다는 의미로 해석할 수도 있다.

이들 분야에서도 삼성전자와 하이닉스 같은 글로벌 기업들이 나올 공간은 충분하다. 특히, 설계 분야의 발전 속도는 빠르게 진행되고 있다. 인공지능 기술을 활용한 새로운 스타트업들이 내일의 삼성전자를 예약하며 약진하고 있다. 이들이 개발한 기술을 테스트할 수 있는 첨단 생산시설은 이미 국내에 있다. 메모리 기업과 스타트업의 협업은 한국 반도체의 새로운 전성기를 만드는 황금조합으로 발전할 가능성이 높다. 글로벌 장비 업체들이 한국의 발전 가능성을 보고 경기도로 모여들고 있는 것도 고무적이다. 최근 ASML, Applied Material 등 굴지의 글로벌 장비 업체들이 화성, 용인 인근에 자리를 잡고 있다. 설계, 생산, 소재/장비로 이어지는 반도체 생태계에서 한국의 입지를 강화할 수 있는 여건이 하나씩 갖춰지는 것은 그나마 큰 위안거리가 된다. 단순히 첨단 제품을 떠나 한 나라의 경쟁력을 보여주는 바로미터인 반도체. 2023년은 반도체 코리아가 도약하느냐 마느냐의 큰 이정표가 될 것이다.

02 | 2차 전지 시장의 약진은 2023년에도 지속될 것인가

오철(상명대학교 글로벌경영학과 교수)

| 2022년 2차 전지 시장의 급성장
: 전기자동차 산업 급성장으로 수혜

2차 전지 혹은 2차 배터리란 충전을 통해 '재사용'이 가능한 전지를 의미한다. 우리가 일상생활에서 사용하는 건전지 혹은 알칼리 전지는 충전하여 재사용할 수 없는 1차 전지이다. 최초의 2차 전지는 1900년대부터 납축전지 형태로 개발되었다. 납축전지는 현재에도 주로 휘발유와 디젤 자동차의 배터리로 사용되고 있고, 시동을 걸고 라이트를 켜는 용도로 사용된다. 가격이 저렴하고, 오랫동안 운전할수록 배터리도 충전되는 장점도 있으나 완전히 방전되지 않은 상태에서 충전할 경우 배터리의 수명이 줄어들게 되는 현상, 즉 메모리 현상이 가장 큰 단점이라고 할 수 있는데, 일본 소니SONY에서 1991년 세계 최초로 메모리 현상이 없는 '리튬이온전지'의 상업화에 성공하면서 2차 전지는 기술적으로 큰 전환점을 맞게 된다.

1990년대 리튬이온전지의 상업화 이후 리튬이온전지가 2차 전지 시장을 급속도로 주도하게 된다. 리튬이온전지는 가볍고 에너지 밀도가 높으며 수천 번 재사용할 수 있는 장점이 있다 보니 노트북, 휴대전화, 전기자동차 등의 동력원으로 확고히 자리를 잡는다. 리튬이온전지는 스마트폰, 노트북, 무선충전기, 에너지저장장치ESS에도 쓰이지만, 전기자동차에 쓰이는 리튬이온전지의 수요는 다른 산업과는 비교할 수 없을 만큼 대규모이다. 또한, 향후 2차 전지의 쓰임이 가장 많을 것으로 예상되는 산업도 단연 전기자동차 분야이다. 최근 3~4년 동안 2차 전지 산업은 전기자동차 산업의 약진으로 인해 시장 규모가 대규모로 확대되었고, 앞으로의 전망도 계속 확대될 것으로 예상된다. 글로벌 시장조사 기관 포춘 비즈니스 인사이트에 따르면 전기차용 2차 전지 시장이 2030년에는 3,047억 달러로 현재의 10배 이상 성장할 것으로 예상되는데, 실제로도 세계 전체 배터리 출하량 중 전기자동차용 2차 전지가 차지하는 시장규모는 2019년에 이미 61%를 차지하였고, SNE리서치에 의하면 향후 2030년에는 약 89%까지 성장할 것이라고 예상된다. 2차 전지의 시장 규모는 시간이 갈수록 전기자동차 산업의 규모에 비례해서 성장하게 될 것임이 분명해 보인다.

2차 전지 시장의 규모가 급격하게 확대되게 된 계기는 2018년 10월 EU집행위원회가 2030년까지 1991년 대비 자동차의 이산화탄소 배출량을 40% 감축하기로 하는 결정이 주요했다. 이 정책적 변화는 그동안 가솔린차에 집중하였던 완성차 업체들이 전기차 생산에 집중하게 되는 계기가 되었으며, 이로 인해 최근 3~4년간 2차 전지 시장 규모가 급격히 확대되고, 이는 2차 전지 관련 개별 기업들의 폭발적인 성장으로 이어진다. 글로벌 2차 전지의 시장 규모는 2020년 461억 달러를 돌파해 2030년에는 8배나 성장한 3,517억 달러로 커질 것이라고 전망된다.

현재 2차 전지 시장은 우리나라와 중국, 일본이 장악하고 있다. 업체별로 분석해 보면 2020년까지 우리나라의 LG에너지솔루션(2020년 12월에 LG화학에서 분사), 중국의 CATL(닝더스다이守德时代), 일본의 파나소닉이 각각 23% 전후의 점유율로 1, 2, 3위를 차지하면서 3강 체제를 이루었다가, 2022년에는 중국 내수 시장의 성장을 바탕으로 한 CATL이 1위로 약진하고, LG에너지솔루션, 중국의 BYD, 일본의 파나소닉, SK온, 삼성SDI의 순으로 6개 업체가 시장을 점유하고 있다. 우리나라의 대표적인 2차 전지 업체이자 전기 자동차용 리튬이온전지(원통형)를 세계 최초로 양산한 LG에너지솔루션의 경우 2021년 17조 8,000억 원의 매출, 7,600억 원의 영업 이익에서 2022년에는 약 22조 1,000억 원의 매출과 1조 2,000억 원의 영업 이익을 예상할 정도로 2차 전지 시장은 급성장했다.

| 2차 전지 산업의 전방前方산업 동향과 후방後方 가치사슬 분석

2차 전지 시장의 전방 시장은 전기차 시장이고, 그동안 중국, 유럽, 북미를 중심으로 전기차의 시장이 확장되어 왔다. 전기 자동차는 세계적으로 2019년에 22만 대가 판매되었고, 2021년에는 무려 660만 대가 판매되면서 엄청난 성장세를 기록했다. 전기차의 영향력이 이토록 커지는 것은 두 가지 이유로 볼 수 있다. 첫째로 2차 전지 산업의 기술적 발전으로 전기차의 성능 개선과 가격 하락이 가능했고, 둘째는 정부의 보조금과 전기차 장려 정책 때문이다. 2차 전지 산업의 기술적 발전으로 전기차용 배터리 팩 가격이 2010년 1,183달러에서 2021년에 132달러로 떨어졌는데, 이는 연평균 19%씩 배터리 팩 가격이 하락한 것이다. 이 추세대로라면 2024년에는 전기차와 내연 자동차의 가격이 정부 보조금을 제외해도 비슷해질 가능성이 있다. 또 하나의 기술적 발전은 배터리의 평균 에너지 밀도는 매년 5~7%씩 늘고 있다는 것이다. 이로 인해 전기차 주행거리가 내연 기관 자동차에 밀리지 않을 정도로 늘어났다.

전기차에 우호적인 정부의 정책과 보조금 측면에서 장기적으로 보더라도 2차 전지 산업의 전방 산업인 전기차 시장이 계속해서 확대될 가능성이 높다. 특히, 배출가스 규제 정책에 따른 유럽 시장의 성장 잠재력이 가장 풍부하다. 국내 주요 2차 전지 업체들도 유럽 완성차 생산의 메카인 독일에서 가까운 폴란드(LG에너지솔루션), 헝가리(삼성SDI, SK온)에 진작부터 진출해서 생산 공장을 공격적으로 증설하고 있다. 차량용 2차 전지의 비중은 2023년에 80% 이상으로 급증할 것으로 예상된다. 차량용 2차 전지의 종류는 테슬라의 원통형, 현대·기아차, GM이 쓰는 파우치형, 폭스바겐, BMW가 쓰는 각형이 있는데, 우리나라의 2차 전지 업체인 LG에너지솔루션, 삼성SDI, SK온 세 기업에서 모든 종류의 2차 전지를 생산하고 있다.

2차 전지의 후방 밸류체인 분석을 위해서는 리튬이온전지의 작동 원리를 대략적으로 이해할 필요가 있을 것 같다. 리튬이온전지는 '양극재'와 '음극재' 사이를 이동하는 리튬이온의 화학적 반응으로 전기를 생산하는데, 양극재와 음극재 사이의 통로 역할을 해주는 물질인 '전해액'과 양극재와 음극재가 닿지 않게 해주는 '분리막'이 전기 생산의 필수 역할을 한다. 즉 양극재, 음극재, 전해액, 분리막이 리튬이온 전지의 필수 4요소이다. 이 중 양극재는 2차 전지 원가 중에서 약 30~40%를 차지하는데 우리나라의 에코프로비엠, 엘앤에프, 포스코케미칼 등이 생산하고 있다. 특히, 에코프로비엠은 최근 3년 동안 주가가 10배 넘게 상승했고, 올해 1월 코스닥 시가 총액 1위(당시 약 10조 원)에 오르기도 했다. 이 외에도 음극재는 대주전자재료, 이녹스, 전해액은 천보, 분리막은 SK아이테크놀로지, 한라홀딩스 등에서 생산하고 있다.

2차 전지의 가치사슬 상에서 우리나라의 취약점은 양극재, 음극재, 전해액, 분리막의 필수 4요소를 구성하는 원재료에 있다. 특히, 양극재의 원재료인 리튬, 니켈, 코발트는 전량 수입에 의존하기 때문이다. 문제는 양극재의 원자재인 리튬, 니켈, 코발트의 가격이 2022년 러시아-우크라이나 전쟁을 기점으로 단기간에 역대급으로 급상승하고 있다는 것이다. 리튬의 경우 최근 2년 동안 10배의 가격이 상승했고, 니켈은 2배의 가격이 상승했다. 니켈 생산 1위 회사는 러시아의 노르니켈Nornickel인데, 서방의 러시아 경제봉쇄가 끝나지 않는 한 니켈의 가격도 계속상승으로 이어질 것으로 예상된다.

| 성장성과 불확실성의 공존 속에서 성장 모색

2022년의 2차 전지 업체들은 급성장했다. 우리나라의 2차 전지 대표 주자이자, 글로벌 2위 업체인 LG에너지솔루션의 경우만 보더라도 2022년 영업 이익이 약 1조 2천억 원으로 예상되는데, 이는 2021년 영업 이익 7천6백억 원의 2배에 가까운 금액이다.

삼성SDI와 SK온의 2022년 3분기 영업 이익도 전년대비 각각 약 27%, 약 73% 증가할 전망이다. 양극재를 생산하는 에코프로비엠과 포스코케미컬의 영업 이익도 전년 동기 대비 각각 187%, 55% 증가할 전망이다. 한국의 2차 전지 업체들은 승승장구한 2022년을 지나 2023년에도 여전히 잘 성장할 것인가?

2차 전지 산업은 성장 잠재력은 높지만, 전방 산업인 전기차 산업의 시장 변화에 민감하게 반응한다. 유럽과 미국을 중심으로 한 환경규제로 앞으로 높은 전기차 성장성이 예상되는 가운데, 미국, 유럽, 중국, 한국 등 주요국의 정부에서 안정성 및 성능이 개선된 2차 전지 개발을 위한 계획을 수립하고, 육성 정책을 펴고 있는 점은 2차 전지 산업에 장기적으로 긍정적이다. 또한, 2022년 8월 7일 미국 상원이 의결한 '기후 변화 대응과 에너지 안보를 위한 인플레이션 감축 법안'은 전기차 세액 공제 대상에서 중국산 배터리와 핵심광물을 사용한 전기차를 제외하고, 미국 안에서 생산·조립된 전기차에 대해서만 지원을 한정하고 있다. 이로 인해 세계 1위 배터리 생산기업인 중국의 CATL를 비롯한 중국산 배터리는 미국 전기차 보조금 지급에서 제외됨으로써 미국 내 생산 시설을 공격적으로 확장해온 국내 2차 전지 기업 3사인 LG 에너지솔루션, SK온, 삼성SDI가 단기적으로 반사 이익을 누릴 수 있을 것이다.

불확실성도 공존한다. 2018년 10월 EU집행위원회의 결정과 코로나바이러스를 거치면서 전기차가 대세가 되었으나 문제는 러시아-우크라이나 전쟁으로 촉발된 유럽의 에너지 대란으로 인한 유럽의 정책 변화이다. 최근 러시아 천연가스 공급난으로 에너지 대란을 겪고 있는 독일·프랑스에서는 2022년 연초 대비 전기 요금이 3배 상승했다. 독일 정부는 EU의 내연기관차 완전 판매 금지에 제동을 걸었고, 전기차 보조금을 폐지하기로 했다. 영국은 이미 전기차 보조금 지급을 중단한 상태이다. 이미 유럽의 전기차 판매 증가율은 눈에 띄게 둔화되는 추세이다. 에너지 대란으로 인한 전기차의 수요 감소 이외에도 2차 전지의 원재료인 리튬, 니켈, 코발트 가격의 최근 급상승 상황이 2차 전지 가치사슬의 불확실성을 초래하고 있다. 2차 전지의 핵심 광물인 리튬의 가격은 2년 동안 10배가 상승했고, 중국에서 제련하는 비중이 전 세계에서 65%를 차지해 원재료에 대한 중국 의존도가 매우 높으며, 니켈의 최대 생산지 러시아가 서방의 경제 봉쇄에 직면하고 있는 점 등이 우리나라 2차 전지 기업의 미래 성장에 불확실성을 높여주고 있다.

미래 성장의 불확실성에 직면한 2차 전지 업체들은 첫째, 원재료의 지속가능한 직접 공급망을 구축하면서, 동시에 차세대 기술을 개발하는 방향으로 불확실성을 타계하려고 하고 있다. 포스코의 경우 최근 리튬의 안정적 공급망 구축을 위해 아르헨티나에 직접 진출해 리튬광석 생산 법인인 '포스코리튬솔루션'을 만들었고, 또한 차세대 소재인 수산화리튬 변환기술에 투자하고 있다. LG에너지솔루션도 핵심 원재료 확보를 위해서 최근 중국의 니켈, 코발트 제련 전문 기업인 '그레이트파워 니켈 앤드 코발트 머티어리얼스'의 유상 증자에 참여했다. 또한 호주의 '오스트레일리안 마인스'와 장기 구매 계약을 체결하고, 호주의 니켈, 코발트 제련 기업인 QPM의 지분 7%를 인수하는 등 원재료의 지속가능한 직접 공급망 구축을 위해 노력하고 있다. 동시에 기존 리튬이온전지 기술의 한계를 뛰어 넘는 '전고체 배터리' 기술 상용화에 노력 하고 있다. 이는 주로 토요타, 파나소닉을 중심으로 한 일본 기업에 의해 집중적으로 연구되고 있는데, LG에너지솔루션도 이 대열에 합류하고 있다. LG에너지솔루션은 국내 전고체 배터리 특허보유 1위, 세계 전고체 배터리 관련 특허보유 2위 기업이다.

미래 불확실성에 대응하는 둘째 타개책은 2차 전지 업체들이 완성차 업체들과 전략적 제휴를 통해 대규모 투자에 대한 부담을 공유하는 전략이다. LG에너지솔루션은 미국 1위 완성차 업체 GM과 제휴해 오하이오, 테네시에 이어 미시간에 3조 원 규모의 세 번째 합작공장을 건설하고 있고, CATL는 상하이에서 기가 팩토리를 운영하는 테슬라와 제휴를, 그리고 BYD는 하이브리드 최강자이자 세계 1위 완성차 업체인 토요타와 연합하고 있다. 삼성SDI, SK온도 현대차 그룹과 하이브리드 배터리 공동개발을 통해 완성차 회사와의 전략적 제휴 대열에 합류하고 있다.

2023년 2차 전지 시장은 성장성과 불확실성이 공존하는 가운데 2차 전지 업체들은 치솟는 원자재의 확보를 위해 노력하면서, 완성차 업체들과의 전략적 제휴를 통한 합종연횡을 통해 글로벌 2차 전지 시장에서 중국과 경쟁하는 한 해가 될 것이다.

03 시장 포화를 맞이한 OTT, 한국 콘텐츠에 위기인가 기회인가

김윤지(한국수출입은행 해외경제연구소 수석연구원)

최근 몇 년간 영상콘텐츠 산업을 가장 크게 변화시킨 동력은 OTT다. 영화와 방송을 인터넷 스트리밍으로 편하게 즐길 수 있게 해준 OTT는 영상콘텐츠 산업 제작과 유통 전반에 큰 변화를 이끌었다. 특히 팬데믹 시기를 거치며 OTT는 시장의 패러다임을 바꾸며 크게 성장할 수 있었고, 이들의 성장에 힘입어 K-드라마와 K-무비도 세계인들을 사로잡을 수 있었다. 그러나 코로나바이러스가 엔데믹(감염병의 풍토병화)으로 접어들면서 OTT 성장이 둔화됨에 따라 관련 기업들도 새로운 경쟁 환경에 맞춰 전략 변화를 준비하고 있다. K-드라마와 K-무비의 성장을 이끌고 가는 것이 OTT인 탓에 이들의 전략 방향에 따라 한국의 콘텐츠 업계에도 위기와 기회가 동시에 다가올 전망이다.

| 기술환경 변화와 '개인화' 시청 확산 속에 성장한 OTT

OTT란 인터넷을 통해 제공되는 영상 스트리밍 서비스다. Over The Top의 Top은 TV에 연결하는 셋톱박스를 의미하는데, 인터넷 기반으로 TV, 스마트폰, 태블릿 등 다양한 단말기에 방송 프로그램, 영화, 드라마 등을 제공하는 스트리밍 서비스를 모두 포괄한다.

OTT가 크게 성장한 배경에는 미디어를 둘러싼 기술환경 변화와 이를 통해 강화된 '개인화' 시청 형태의 확산이 있었다. 2010년대 중반 이후 인터넷 회선 보급이 확대되고 스마트폰 사용이 늘어나면서 미디어 시청 환경도 변화했다. 가장 큰 변화가 '가구' 중심에서 '개인' 중심으로 시청 형태가 바뀐 것이다. 과거에는 가정에서 영상 콘텐츠를 볼 수 있는 매체가 방송 전파를 이용하는 TV뿐이었다. 때문에 이런 환경에 맞춰 불특정 다수용 영상물을 가구 단위로 시청하는 게 일반적이었다.

하지만 스마트폰이 보급되고 가정 내 대용량 인터넷 회선이 구축되면서 한 가구 내에서도 '개인'들이 자기가 보고 싶은 때, 보고 싶은 프로그램만 볼 수 있는 환경이 갖춰지게 되었다.

특히 연령이 낮을수록 스마트폰을 필수 매체로 인식하는 경향이 강하고 개인 중심의 시청 스타일을 고수하려 한다. 이제는 더 이상 청소년 자녀들이 부모들과 함께 둘러 앉아 같은 TV 드라마를 보려 하지 않는다는 것이다. 이런 환경 변화에 맞춰 기존 TV 시장에서 벗어나는 시청자층을 확보하기 위한 서비스가 필요해졌고, 그에 대한 대안으로 나타난 것이 OTT였다.

OTT 서비스들은 대부분 월정액 기반으로 플랫폼 내 자신들의 콘텐츠를 무제한 이용할 수 있도록 제공하는 월정액 구독형 VOD SVOD, Subscription VOD 형태로 성장해 왔다. 개인이 직접 선택한 콘텐츠를 다량으로 이용하기 편하게 제공하는 것이 비결이었다. 특히 넷플릭스는 광고 없이 시리즈를 보고 싶은 만큼 몰아보는 '빈지워칭 Binge Watching'과 추천 서비스를 내걸면서 성장했다. 빈지워칭이 기존 TV에서는 느낄 수 없던 새로운 소비자 경험이라는 점을 강조했고, 시청자들도 이 서비스에 빠져들면서 빠르게 시장을 확대할 수 있었다.

| 글로벌 OTT 시장의 포화, 새로운 전략 필요

넷플릭스가 전체 시장 확대를 견인하면서 글로벌 OTT들은 빠르게 성장했다. 다국적 회계컨설팅기업 PwC에 의하면 글로벌 OTT 시장은 2020년 584억 달러에서 2025년 말까지 939억 달러로 성장할 것으로 예상되고 있으며, 2020년 약 21억 명이었던 OTT 이용자 수는 2025년 27억 명에 육박할 전망이다. 한국의 OTT 시장도 2020년 약 1조 원에 미치지 않는 규모였으나 2025년에는 1조 1천억 원대로 성장할 것으로 예측되고 있다. 특히 2020년과 2021년 코로나바이러스 팬데믹을 계기로 OTT 산업은 세계적으로 급격한 성장을 이룰 수 있었다.

빠르게 성장하는 시장에서는 사업자들의 경쟁도 치열해지기 마련이다. 2022년 1분기 기준 글로벌 OTT 세계 시장 점유율은 넷플릭스가 45.2%로 1위이지만, 그 뒤로 아마존프라임비디오 11.4%, 디즈니플러스 8.8%, HBO맥스 6.7%, 애플TV플러스 6.0%, 파라마운트플러스 3.8% 등이 이를 바짝 뒤쫓고 있다. 초반에는 넷플릭스가 경쟁력 우위를 유지하며 시장 확대를 견인했지만, 보유 IP가 많은 디즈니플러스 등이 본격적으로 OTT 시장에 뛰어들고 애플TV플러스도 수준 높은 오리지널 콘텐츠 제작을 늘리면서 경쟁은 심화되고 있다.

하지만 시장이 무한대로 늘어나기 어려운 상황 속에서 여러 OTT 서비스가 등장하고, 팬데믹의 영향도 줄어들면서 OTT 서비스는 성장 정체기를 맞이하게 되었다. 세계 1위 사업자인 넷플릭스는 2022년 2분기 실적 발표에서 가입자가 총 97만 명 줄어든 2억 2067만 명이라고 밝혔다. 2022년 1분기에 20만 명의 가입자가 줄어든 이후 2분기 연속 가입자 역성장을 기록한 것이다. 시장별로 차별화는 이루어지고 있다. 전통적인 수익처였던 미국,

캐나다, 독일, 영국 등 북미, 유럽 지역에서의 성장률 둔화는 뚜렷하지만 아시아태평양, 아프리카 등지에서는 아직 높은 성장세를 유지하고 있다.

시장 점유율 2위인 아마존프라임과 3위인 디즈니플러스의 상황도 비슷하다. 아마존프라임은 현재 미국에서 2021년 4분기 기준 1억 5980만 명의 가입자를 확보하고 있는데, 이 수치는 이미 미국 가구 수 1억 2235만 개를 넘어선 수준이다. 아마존프라임의 경우 커머스와 함께 제공되는 서비스라 가구 수와 밀접한 연관을 가지고 있어 더 이상 빠른 성장은 어렵다는 평가다. 디즈니플러스 역시 팬데믹 효과가 크던 2021년 3분기까지는 빠르게 가입자를 늘려왔으나, 이후 가입자 성장 속도가 줄어들고 있다. 2022년 2분기 기준 1억 3770만 명 가입자에서 큰 폭의 성장을 기대하기는 어려운 상황이다.

이와 같은 시장 포화에 맞서기 위해 2023년 OTT 사업자들의 전략은 이전과는 달라질 전망이다. 시장이 빠르게 확대되던 시기에 힘을 발휘하던 전략이 시장 포화기에는 맞지 않기 때문이다. 일단 첫 번째로 성장의 축을 아시아, 아프리카 등 이머징마켓(신흥시장)으로 바꾸는 전략이 떠오를 수 있다. 이 지역은 구독료 확보가 어렵다는 단점은 있지만 성장성이 크기 때문에 핵심 접전지가 될 수 있다.

두 번째는 가입자 구독 해지율을 낮추는 전략으로의 선회다. 시장 포화 시기에는 경쟁자 간에 서로 가입자를 뺏는 현상이 치열해져 자사 가입자를 지키는 전략이 더 중요해진다. 실제로 디즈니플러스, HBO맥스, 파라마운트 등 전통적으로 콘텐츠 제작 능력이 높고 다양한 IP를 확보한 사업자들이 늘어나면서 가입자들이 여러 OTT서비스를 동시 구독하게 되면서 이동도 활발해졌다. 글로벌 회계컨설팅그룹 딜로이트의 2021년 조사 결과에 따르면 미국 시장에서 가입자 1명이 평균 4개 이상의 OTT 서비스에 가입한 것으로 나타났다.

세 번째로는 가입자 1인당 매출을 높이는 전략을 취하는 경우다. 신규 가입자 확대가 어렵다면 한 가입자에게서 최대한 높은 수익을 올리는 쪽으로 전략을 수정하는 것이 현명하다. 이를 위해 구독료 자체를 높일 수도 있지만, 구독 기반 서비스 자체를 뒤흔드는 방법을 택할 수도 있다.

| 글로벌 OTT 전략 변화가 한국 제작사들에게 미칠 명과 암

그렇다면 2023년 글로벌 OTT들의 새로운 전략에 따라 한국의 콘텐츠 제작사들에게는 어떤 위기와 기회가 다가올 수 있을까? 우선 첫 번째, 이머징마켓을 핵심 접전지로 선택할 경우 한국 콘텐츠 업계에는 기회의 측면이 더 강하다. 현재 넷플릭스가 여전히 세계 시장에서 우위를 점할 수 있는 것은 경쟁 업체에 비해 아시아태평양 등 이머징마켓에서의 성장세가 높기 때문이다.

이 지역에서 높은 소구력을 발휘하는 콘텐츠가 K-드라마, K-무비 등 한국 콘텐츠인데, 넷플릭스가 이를 잘 활용하고 있다. 최근 서구권에서도 한국 콘텐츠의 영향력이 커지고 있지만 충성도 높은 지지도를 꾸준히 보여주는 지역은 아시아, 중남미 지역이다.

이런 경우 넷플릭스를 비롯해 디즈니플러스, 애플TV플러스 등 글로벌 OTT로 공급하는 한국 콘텐츠도 계속 확대될 전망이다. 아시아 시장 확보를 위해서는 한국 콘텐츠 확보가 필요하기 때문이다. 2022년에 약 1조 원을 투자해 25편의 한국 콘텐츠를 공개했던 넷플릭스뿐 아니라, 드라마 〈빅마우스〉 등 20편의 한국 콘텐츠 제작을 밝힌 디즈니플러스 등 글로벌 OTT들의 한국 콘텐츠 투자는 계속 이어질 수 있다.

하지만 OTT들이 두 번째 전략, 즉 구독 해지율을 낮추기 위한 전략 중심으로 선회할 경우 한국 콘텐츠 제작자들에게는 양날의 검이 될 수도 있다. OTT산업은 양질의 콘텐츠가 경쟁력의 핵심이라 시장 상황이 악화되더라도 콘텐츠 투자액을 갑자기 줄일 수는 없다. 하지만 같은 투자액을 집행하더라도 대작 중심으로 투자해 질적 강화에 방점을 둘 수도, 가성비 높은 콘텐츠에 투자해 양의 확보에 치중할 수도 있다. 전자에 방점을 둔다면 오리지널 콘텐츠 확보가 중요해지고, 후자에 방점을 둔다면 다양한 카탈로그의 확보가 중요해진다. 오리지널 콘텐츠는 OTT가 모든 IP를 확보하고 독점적으로 공개하는 콘텐츠이며, 다양한 카탈로그의 확보란 OTT가 제공하는 콘텐츠의 수와 종류가 일단 많아야 한다는 의미다.

　　최근 OTT 간 경쟁이 심화되면서 가입자들이 어떤 시기에 해지를 결정하고 경쟁 OTT로 넘어가는가에 대한 연구들이 많이 공개되었다. 이러한 연구들에 따르면 오리지널 콘텐츠를 제공하는 것이 신규 가입자 확보와 해지 억제에 유의미한 것으로 나타났다. OTT 사업자 입장에서는 자사 플랫폼에서만 볼 수 있는 오리지널 콘텐츠를 많이 제작하는 것이 중요하다는 것인데, 이것이 한국 콘텐츠 제작자 입장에서는 불리한 점이 많다. 오리지널 콘텐츠의 경우 재판매를 비롯해 후속 서비스 제작 등에서 얻을 수 있는 모든 권리, 즉 IP Intellectual Property Rights(지식재산권)를 OTT가 보유하기 때문이다.

　　OTT 중심의 콘텐츠 공급이 늘어나면서 한국 제작자들이 글로벌 OTT의 제작 하청기지가 될 수 있다는 우려가 제기되기도 했다. OTT를 통해 세계 시장에 콘텐츠를 선보일 수는 있지만 성공의 과실을 제대로 얻지 못한다는 문제 때문이었다. 그래서 대안으로 많이 거론되는 것이 제작사가 IP를 확보하면서 글로벌 OTT 등에 해외 방영권만 판매하는 형태였다. OTT에서 제작비를 전액 투자받는 대신, 여러 매체에 분산해 투자비를 지원받아 제작하고 IP는 제작사가 확보한다는 의미다. 이런 경우 콘텐츠가 성공을 거두었을 때 제작사가 이후 추가 수익을 더 높일 가능성이 생긴다.

2022년 하반기 높은 인기를 끌었던 드라마 〈이상한 변호사 우영우〉가 그런 사례로 꼽힌다. 제작사인 에이스토리는 KT그룹 계열사인 ENA 채널과 넷플릭스에 국내, 해외 방영권을 각각 판매해 제작비를 확보하고 IP는 직접 보유했다. 제작사의 1차 수익은 방영료뿐이지만, 시즌2를 만들 경우 방영료를 더 높일 수 있고 판매처를 바꾸거나 더 늘릴 수 있어 제작사에겐 더 유리하다. 그런데 만약 글로벌 OTT들이 오리지널 콘텐츠 투자만 선호하게 될 경우 이런 방식의 제작은 어려워지게 된다. 〈오징어 게임〉의 경우처럼 세계적인 큰 성공을 거두고도 제작사는 제작비만 거둘 수 있기 때문이다.

반면 OTT가 다양한 카탈로그를 확보하기 위한 투자에 중점을 둘 경우 한국 제작사들에겐 기회가 된다. 한국 콘텐츠의 제작비는 상대적으로 저렴하기 때문에 다양한 콘텐츠 확보 차원에서 투자를 분산 집행할 경우 한국 콘텐츠들의 제작 기회는 더 많아질 수 있다. 실제로 2016년 이후 넷플릭스가 한국 콘텐츠 투자를 크게 늘린 것도 이런 전략의 일환이었다. 따라서 두 번째 전략이 어떻게 구현되느냐에 따라 한국 콘텐츠 제작사들에겐 위기일 수도, 또는 기회일 수도 있다.

마지막으로 글로벌 OTT들이 가입자 1인당 매출을 높이는 전략 중심으로 나아가게 될 경우 새로운 시장이 펼쳐질 수도 있다. 가입자 축소 등으로 수익성 개선을 고민하던 넷플릭스는 구독료 인상 대신 현재 월 15.49달러인 스탠다드 요금의 절반 수준인 월 7~9달러 수준의 광고 요금제를 도입할 것으로 알려진다. 이용자가 시간당 4분 분량 광고를 시청하면서 절반의 이용료만 내는 형태다. 광고 없는 몰아보기를 통해 성장해 온 넷플릭스이지만 구독료를 높이는 대신 광고 요금제가 더 효율적이라 판단한 것으로 보인다. 저렴한 요금이 가입자 이탈 방지에도 도움이 되기 때문이다.

이런 환경 변화로 북미 시장에서는 광고 기반 모델인 FAST Free Ad-supported Streaming TV 플랫폼도 관심을 받고 있다. FAST 플랫폼은 광고와 함께 방송과 각종 콘텐츠 채널을 인터넷으로 볼 수 있는 디지털 플랫폼이다. 현재 미국에는 로쿠, 플루토TV, 폭스의 투비, 아마존의 프리비 등과 같은 20여 개의 FAST 플랫폼들이 있다. 국내에서는 뉴아이디가 FAST 플랫폼에 콘텐츠 채널을 공급하는데, 미국에서는 로쿠에 아기상어TV와 K팝 채널을, 유럽 지역에서는 SBS와 YG엔터테인먼트 채널 등을 서비스한다.

FAST 플랫폼은 셋톱박스 없이 스마트TV만 있으면 무료로 서비스를 이용할 수 있다는 점이 매력적이다. 양질의 콘텐츠 확보가 관건인데, 가입자가 늘어나면 콘텐츠는 더 늘어날 가능성이 있다. 북미 지역의 경우 시청자들이 유료 OTT 중심으로 서비스를 교체하다가 비용 부담이 늘어나면서 인터넷만 연결하면 되는 FAST 플랫폼에 대한 관심이 높아지고 있다는 분석이다. 이 시장이 확대될 경우 예능, 숏폼 등 다양한 콘텐츠 제작자

들에게도 새로운 세계 진출 창구가 생기게 될 전망이다. 이들이
OTT 시장 재편 과정에서 어떤 역할을 하느냐에 따라 한국 콘
텐츠 산업에 또 다른 활로가 생길 수도 있는 셈이다.

04 디지털 전환의 현주소와 과제

김준연(SW정책연구소 디지털전환연구팀 팀장)

｜디지털 전환은 생존의 문제

코로나바이러스와 비대면 경제로의 전환으로 우리 사회에서 더 똑똑해지지 않은 것들은 사라지고 있다. 금융이 대표적인데, 은행 점포 수가 2017년 312개 감소한 이후 2020년 304개, 2021년 136개가 추가로 사라졌고 심지어 현금자동입출금기도 최근 6개월간 약 6,000대가 사라졌다. 인터넷뱅킹 이용률이 74%, 창구이용 3.9%인 상황에서 은행 점포는 풍전등화다. 사라질 운명에 직면하기는 제조업도 마찬가지다. 자율주행과 전기차로 전환되는 자동차 산업에서 기존 내연기관 부품기업 1,669곳 중 30%(약 500곳)는 문 닫을 위기에 처해있다고 한다.*

데이터와 인공지능이 이 변혁을 촉발하는 핵심이다. 무엇보다 데이터의 경우, 기원전 3000년 전부터 약 5,000년 동안 인류가 생성한 데이터가 약 20EB 정도이고, 2000년대 초반부터 2021년 사이에 생산된 전 세계 데이터 총량이 약 50ZB라고 보면,** 최근 20여 년 동안 생산된 데이터가 5000년간 데이터의 2,500배를 넘어선다. 다시 말해 현재 인류가 가진 데이터의 약 90%는 지난 10년 간 생산된 셈인데 이것이 산업생태계의 재편을 가속화하고 있는 것이다.*** 앞으로 300억 개가 넘는 디바이스가 상호 연결되면서 2025년 전 세계 데이터는 163ZB를 넘어설 것이라는 전망에 독일(인더스트리 4.0 Industrie 4.0), 프랑스(인두스트리 뒤 푸트르 Industrie du Futur), 유럽연합(가이아 XGAIA-X), 중국(중국제조 2025 中国制造2025), 일본(이노베이션 25 Innovation 25) 등 각국도 사활을 걸고 대응하는 상황이다.**** 특히 제조업 비중이 높은 우리 경제가 한 단계 도약할 수 있는 해법도 역시 데이터와 인공지능이 촉발하는 디지털 변혁에서 찾아야 할 것이다.

---

* 한국경제(2022.08.26.) 전기차 전환 못 따라가는 부품社…2030년까지 500곳 사라질 수도

** MB(메가바이트) = 106, EB(엑사바이트) = 1018, ZB(제타바이트) = 1021

*** 동아일보(2022.08.24.) 우리에게 '데이터'는 어떤 의미인가

**** 한국경제(2022.09.12.), "中은 이미 한국을 따돌렸다"…DX 세계대전에 한국은 뭐하나

| 디지털 전환 어디까지 왔나?

최근의 디지털 전환은 생산 공정의 자동화를 넘어 데이터의 축적과 알고리즘에 의한 연산 혁명computational revolution으로 인간의 상상을 넘어가는 최적해의 탐색을 향해가고 있다. 특히 최적해optimal solution는 아니지만 이와 근접한 결과를 단시간에 제공하는 휴리스틱 탐색과 같은 혁신에서 인간의 상상을 넘어가는 결과가 등장하고 있다. 물류창고의 경우, 유사한 제품끼리 배치하는 것이 상식이었다. 물류 운송로봇 키바KIVA가 바로 바코드에 의해 사무용품은 사무용품 코너에, 주방용품은 주방용품 코너에 품목별로 정리된 창고에서 생산성을 향상시킨 모델이다. 그러나 이제는 알고리즘이 방대한 주문 데이터를 기반으로 작업자의 최적 동선을 고려한 '무질서의 질서'를 계산해낸다. 인간의 관점에서는 도저히 이해가 안 되는 무질서한 배치는 인공지능에 의해 계산된 '무질서'로서 주방용품과 사무용품이 하나의 상자에 있을 수도 있다. 이는 마치 알파고와 이세돌의 대결 1국에서 등장한 102번째 수, 즉, 인간으로서는 도저히 상상하기 어려운 수를 알고리즘은 둘 수 있는 것과 같은 이치이다. 그러나 이러한 무질서의 질서로 아마존 랜덤스토random stow(무작위 배치)는 극한의 복잡성에서도 알고리즘이 허용하는 최대치의 효율적 동선을 계산해서 혁신을 달성하고 있다. 이러한 혁신은 기존의 절차를 갈아엎는 형태로 진행되기에 구사하기란 대단히 어렵지만 성공만 한다면 그야말로 대박이다.

미국 온라인 패션 구독기업인 스티치픽스Stitch Fix는 알고리즘 혁명의 또 하나의 사례이다. 기존에는 소비자의 요구에 얼마나 부합하는가를 중시했고, 이를 소비자 만족도로 측정하여 경영에 반영했다. 그러나 이 기업은 소비자가 자신이 무엇을 좋아하는지 정확하게 알고 있지 않거나, 수요도 언제든 변할 수 있다고 보기 때문에 주문한 제품 이외에 인공지능이 고객에게 새로운 패션스타일을 역으로 제안한다. 스티치픽스에 주문하면 몇 개의 옷이 더 고객에게 보내진다. 고객이 마음에 드는 옷을 선택하고 마음에 들지 않는 옷은 언재든지 반품할 수 있도록 반품 박스도 같이 보낸다. 이 과정을 반복하면서 알고리즘은 개인의 선호와 스타일을 학습해 나간다. 80명 이상의 데이터 과학자, 수학, 신경과학, 통계, 물리학 전문가가 개발하고 고도화하는 인공지능 시스템은 이제 야외 결혼식에 입고 갈 옷을 추천하는 등 상황별 추천도 해준다. 최근의 디지털 전환은 자동화 구현이나 소비자 만족도를 넘어, 상상을 넘는 알고리즘의 최적해로 인간의 선호 해석과 감성의 영역까지 대변하는 경쟁의 전쟁터가 되고 있다.*

---

* 소프트웨어정책연구소(2022.08.31.), 자동화를 넘는 인공지능의 활용 전략을 참조

| 단계적으로 전환하되 지능화를 지향하라

경기도 화성에서 초정밀 레이저 가공으로 칼날과 금형·절삭 공구를 제조하는 ㈜21세기의 디지털 전환의 경험은 시사하는 바가 크다. 이 기업은 독보적 기술로 수출 기업의 반열에 올랐지만 제품 가공 중 드릴 마모가 잦은 탓에 생산 차질과 불량률이 증가하는 내부 고충이 심했다. 수작업으로 드릴을 교체하면 작업 시간이 늘고 제품 출고도 지체된다. 이에 전체 공정은 그대로 두고, 디지털 기술의 투입을 드릴 파손의 징후 파악에만 집중하기로 한다. 초점이 명확하니 비용은 줄고, 성과는 명확했다. 드릴 부분의 이상 감지 탐지율과 예지보전 데이터 확보율이 0%에서 80%로 급등하며, 제품생산 시간의 단축, 생산성 향상을 달성해서 매출 증가로 이어졌다.[*] 이 사례는 디지털 전환도 핵심 문제를 해결하는 곳에서 출발하고 역량과 형편에 맞게 해야 한다는 것을 시사한다. 천리 길도 한 걸음부터이며 첫술에 배부를 수 없기에 더욱 그렇다. 일반적으로 제조기업을 스마트화한다고 하면 삼십 년, 사십 년 된 노후 설비들에서 데이터를 끌어 오기 위해 기기마다 사물인터넷IOT, 케이블링 그리고 빅데이터 분석에 필요한 컴퓨팅 설비를 갖춘 최첨단 공장을 상상한다. 이러면 설비당 2억 원이 넘게 들고 전문 인력도 필요하다는 계산에서 중

---

[*] 서울경제 (2022.8.18.)"中企 AI 무장 일등공신"···중기부 KAMP 사업 각광

소기업들은 주저하기 마련이다. 특정 공정을 카메라로 찍어 디지털화하고, 5G 동글 단말기로 데이터를 주고받으며 분석하면 2~3백만 원으로도 단순한 공정혁신은 달성될 수 있는 것이 디지털화의 출발일 수 있는 것이다.*

자동차 부품생산 업체인 센트랄의 사례도 단계적 전환의 대표 사례이다. 공장의 스마트화 대상은 일반적으로 제품, 품질, 비용, 납기의 공정별로 디지털화, 가시화, 체계화 및 지능화의 단계로 나아간다. 처음부터 모든 공정을 건드리거나 가시화나 지능화의 단계로 도약하려면 비용 부담도 가중되고 위험률이 커서 실패하기 십상이다. 센트랄이 파악한 효율성이 낮은 순서는 제품설계, 생산, 납품의 순서였다. 따라서 국내 11개 공장 중 먼저 조립 공장에만 스마트화를 적용했다. 그간의 생산은 고객 주문이나 그때그때 상황에 맞춰 진행했는데 데이터를 축적하며 계획기반 생산체계로 전환한 것이 가장 큰 변화다. 기존에는 5명이 시간당 부품 100개를 생산했는데, 데이터화, 로봇과 자동 검사장치 도입으로 생산량 250% 개선을 달성했다. 고도화 차원에서 조립의 데이터화 성과를 확인한 센트랄의 다음 목표는 가시화와 지능화 구현으로 설정했다.**

위의 두 사례는 디지털 기술의 투입으로 공정의 혁신을 달

---

* 산업디지털전환 국회포럼(2022.7.14.)의 내용 중 세아창원특수강 발제 내용 참조

** 매일경제(2022.06.02.) 센트랄, 스마트공장 구현으로 디지털 트랜스포메이션 구체화

성한 사례지만 혁신의 종점에 도착한 것은 아니다. 디지털 전환은 일종의 과정으로, 우리 기업들은 디지털화와 가시화, 체계화를 넘어 지능화와 플랫폼의 단계로 부단히 나아가야 할 것이다.

| 스마트공장의 숫자보다 협업의 재구조화가 더 중요

우리 산업의 디지털 전환을 가속화하기 위해서는 스마트공장의 숫자를 늘리는 것도 중요하지만 생태계 차원의 협업을 재구조화하는 것이 더 필요하다.

먼저 대기업의 참여가 필요하다. 국내 중소·중견 기업들은 대기업의 1차, 2차, 3차, 4차 벤더에 있는 중간 티어로, 생산성이 높아져도 원도급에서의 구매가 없으면 실질 매출 향상으로 연결되지 못하는 구조적 제약에 묶여 있는 경우가 대부분이다. 특정 공정의 향상은 가능할 수 있어도 최종재의 설계에 반영되는 혁신은 원-하청의 구조에서 부품제조 기업이 구현하기는 어렵다. 이러한 문제는 분야별 대기업이 조율과 혁신의 역할을 맡아서 풀어야 한다. 대기업은 플랫폼 리더로서 자사가 주도하는 제품과 서비스의 생태계에 참여하는 중소·중견 기업들의 혁신을 지원하고, 결과적으로 자사가 주도하는 플랫폼 혁신을 달성하는 생태계 혁신모델이 기업의 ESG 차원에서도 필요하다. 실제로 삼성전자가 지원해서 중소기업들이 스마트화 생산체계를 갖추고 성과를 달성한 바가 있다.

또한 디지털 공급 기업과의 협업도 필요하다. 지금의 공장 스마트화는 수혜기업이 정부지원금으로 용역을 발주하고 디지털공급기업(IT서비스기업)이 수주하는 일회성 용역이다. 즉, 지속적 업그레이드로 고도화되는 모델이 아니고 설계와 구축 및 테스트의 선형적 계약 절차로 구축되는 모델인 것이다. 용역기업은 용역비 외에 인센티브가 없고 스마트화로 달성되는 생산성과 매출 증대에도 관심이 없다. 제조기업 역시 정부 지원이 끝나면 시스템 고도화 비용 마련이 쉽지 않다. 글로벌 경쟁사들도 디지털 전환에 박차를 가하기 때문에 공정부터 전환하더라도 거기에 머물면 곧 사라질 운명이 될 것이다. 지능화와 플랫폼화와 같이 지속적인 고도화로 나아가는 것만이 살길이다. 따라서 기존의 일회성 용역 모델을 탈피해서 디지털 기술의 사용료를 지불하고 혁신의 성과와 위험을 인센티브로 공유하며 동반 성장할 수 있는 장기 서비스 계약 모델로 전환하는 것이 하나의 해법이 될 수 있다.

현재 국내 스마트공장은 작년 말까지 2만 5,000여 개가 구축됐고 올해 말까지 3만 개가 구축될 예정이다. 스마트공장 구축 기업을 대상으로 한 실태조사에서는 생산성 29%, 품질 개선 43%, 매출 6.4% 정도 증가한 것으로 발표된 바가 있어 성과도

적지 않다.* 또한 2022년 7월부터 산업디지털전환촉진법도 시행되어 제도적 인프라도 마련됐다. 지금까지는 계약에 명시하지 않더라도 공급업체의 산업 데이터를 활용하거나 거래하는 것이 불가능했지만 이번 산업디지털전환촉진법**을 근거로 취득한 산업데이터에 대한 활용 및 수익권을 행사할 수도 있어 보인다. 다만 향후 산업 데이터의 교환과 활용의 범위가 더 넓어지면, 이용자에 따라 상대적 가치 차이가 더욱 크게 발생하는데, 그렇게 되면 축적과 융합을 통해 가치의 증폭이 발생하는 산업 데이터의 사용수익권이 중요한 이슈가 되기 때문에 자칫 모호한 데이터수익권을 둘러싸고 기업 간 분쟁이 발생하여 누구도 데이터 혁신에 동참하지 않는 사태를 초래할 수도 있어 보인다. 소유권만 강조하면 독점이 발생하거나 활용을 통한 가치의 재창출이 위축될 수 있고 그 반대도 마찬가지의 문제가 있다. 보다 명확한 데이터 사용수익권에 대한 정의가 필요하고, 산업 데이터의 활용을 극대화하는 차원에서 기존 스마트 공장지원과 연계한 다양한 시도를 하면서 데이터의 소유권을 제도적으로 보강할 필요가 있다.

---

* 산업일보(2021.11.11.) 제조업의 미래, 데이터 기반 新제조 생태계 구축에서 답 찾아야
** 산업 데이터를 생성한 자에 대해 사용·수익권을 인정하고 이를 침해할 경우 배상 책임을 부과하는 내용을 핵심으로 한다.

05 스타트업의 의미와 현황

박규호(한신대학교 경영학과 교수)

| 한국에서 스타트업이 갖는 의미

2022년 초 〈포브스*Forbes*〉지는 '스타트업은 무엇인가what is a start-up?'라는 글에서, 스타트업을 기존 산업을 급격하게 변화시키고 세상을 바꾸기를 갈망하는 기업으로 정의한다. 스타트업 창업 자는 사회에서 필요했으나 여태까지 만들어내지 못한 그 무엇을 만들어내기를 열망한다는 것이다. 혁신을 바탕으로, 스타트업은 기존 제품의 결함을 치유하거나 완전히 새로운 분야를 생성해, 기존의 사고방식과 사업방식을 붕괴시키길 원한다는 점에서 '파괴자disruptor'로 불린다.

적절한 규모의 자본과 노동을 투입하면 굴러간다고 하는 생산함수 방식의 경제에 대한 단선적 사고와는 달리 실제 경제는 일종의 생태계로 돌아간다. 생태계를 구성하는 다양한 분야가 독자적인 성장과 동시에 각 분야 간 상호작용을 통해 경제 생태계가 굴러가며 자극과 반응이라는 상호작용의 질적 수준에 따라 경제 생태계의 수준이 좌우된다. 이에 따라 예측하지 못한 충격에 안정적일 수도 있고 불안정성이 커져서 생태계의 취약성이 강화될 수도 있다. 파괴자로서의 스타트업은 생태계 전체의 상호작용을 촉발하는 지속적인 자극제 역할을 수행하는 존재다. 간단하게 표현하자면 경제 전체에 활력을 가져온다는 것이다. 현재 미국경제의 성장이 실리콘밸리로 표상되는 안정적인 스타트업 집단의 성장에 힘입은 바가 큰 것도 이 때문이다.

그런데 현재 한국이 처한 실정을 감안하면 스타트업의 역할은 경제 패러다임의 변경과도 연계된다. 우선 한국을 전 세계에서 유례없는 경제성장을 달성해 속칭 선진국 대열로까지 올려놨던 추격방식의 한계가 점차 노정되고 확산되고 있다. 지난 20년 가까이 추격방식으로도 누릴 수 있었던 중국특수가 한국이 더 이상 기댈 언덕이 아닐 수 있음이 점차 확실해지고 있다. 최근의 대규모 무역수지 적자 실태가 이를 방증한다. 추격방식을 지탱해왔던 하청기업과 하청 노동자는 더 이상 지속가능하지 않음이 드러나고 있고, 새로운 젊은 인력은 더 이상 이러한 상황을 수용하지 않는 방향으로 변화하고 있다. 목적지가 선도기업이 아니라 시장수요이자 고객의 욕구가 되어야 하는 탈추격방식이 한국 기업에서 안착할 때 추격방식의 한계나 취약성에서 벗어날 수 있다. 한국 기업이 그간 익숙한 경로의존성의 영향으로부터 벗어나기가 만만치 않은 일이긴 하지만, 스타트업은 그 기본적인 특성상 탈추격방식을 실험하고 실행해내는 존재로서 경제 패러다임 변경에서 중요한 지위를 갖는다.

나아가 글로벌 차원에서 벌어지는 경제 패러다임의 변경도 만만치 않은 도전이자 과제다. 글로벌 차원에서 크게 디지털 전환과 에너지 전환이라는 두 차원의 대전환이 점차 가시화되고 있다. 정보통신기술의 급격한 변환에 따른 비즈니스의 변환과 이에 따른 삶 자체의 변환 및 노동 시장의 변환, 기존의 에너지원에서 새로운 에너지원으로의 변경에 따른 사회 전반의 인프라 변경과 이에 따른 비즈니스, 삶, 노동 시장의 변환 등에 대처해야 한다. 기존 방식과 기존 기업의 몰락이라는 전환의 막대한 후유증을 최소화하거나 연착륙으로 유도하고, 동시에 효과적인 전환을 통한 국제경쟁력 확보라는 두 가지의 상충 가능성이 있는 만만치 않은 과제에 대응해야 한다. 기존 방식으로 이득을 보거나 경로의존성에 사로잡히기 쉬운 기존 기업에게 효과적인 대응을 기대하기란 쉽지 않다는 점에서 파괴자를 자처해야 하는 스타트업이 여기에서도 중대한 지위를 가질 수밖에 없다. 나아가 패러다임 전환기에 실질적으로 노동 인력을 수용할 수 있는 새로운 일자리는 스타트업을 통해서만 가능할 수도 있다.

　실제 스타트업은 새로운 아이디어와 투자의 결합을 통해서만 가능해진다. 소규모 실험이 아니라 사회 전체나 글로벌 차원에서의 수요에 대응하기 때문에 대규모 투자에 걸맞은 자금 확보가 필요하다. 국내외의 지식기반으로부터 기술적 지식을 확보하고 시장이나 고객에 관한 지식이 결합할 때 파괴적인 비즈니스 아이디어가 나올 수 있고 이러한 아이디어에 국내외 자금이 보장된다면 실제 스타트업의 생성과 성장이 가능하다. 한국은 기존 추격방식에 얽매이는 경로의존성 때문에 제약이 많지만 국내외적인 지식 확산 덕에 불가능한 것은 아니다. 이들의 성장과 이들이 만들어내는 작품이 패러다임 전환의 실질적인 모습이 될 수 있다.

┃ 스멀스멀 다가오는 겨울

코로나바이러스에 대처하기 위한 각국의 유동성 공급과 기존 국제적 가치사슬의 훼손 등으로 인한 인플레이션에 대처하기 위해 미국을 위시한 기준금리 인상과 유동성 축소, 나아가 경기침체의 가능성 확산 등으로 자산 시장이 축소되고 투자자가 위축되고 있다. 이는 스타트업 업계에도 겨울이 시작될 가능성을 보여준다. 스타트업에 대한 투자가 된서리를 맞을 수 있다는 말이다. 최근 몇 년의 동향을 살펴보자.

스타트업의 생성과 성장에 관한 공식적인 통계를 접하기는 쉽지 않다. 부분적으로 기술기반 창업의 동향을 참고할 수 있다. 중소벤처기업부가 발행하는 '창업기업 동향'에서 경제적 파급효과가 큰 제조업과 일부 고부가가치 서비스업을 포함한 업종 분류인 기술기반 업종은 제조업과 정보통신, 전문·과학·기술, 사업지원, 교육, 보건·사회복지, 창작·예술·여가 등 지식기반 서비스업을 포괄하는데 이를 통해 스타트업의 창업을 엿볼 수 있다. 기술기반 업종 창업기업은 코로나바이러스 이전인 2016년 19만여 개에서 매년 1만 개 이상 꾸준히 증가하여 2021년에는 24만여 개에 이르렀다. 이중 개인기업이 아닌 본격적인 창업이라고 할 수 있는 법인기업은 팬데믹 이전인 2018년과 2019년에 3만 9천여 개와 4만 1천여 개에서 2020년과 2021년에 4만 5천여 개와 4만 6천여 개로 크게 증가하였다. 이러한 흐름은 2022년 상반기에도 이어지고 있다.

스타트업의 동향에 대해 직접적으로는 스타트업 미디어와 관련 단체 등의 조사를 통한 스타트업에 대한 투자 동향을 통해 그 열기를 확인할 수 있다. 다만 조사업체에 따라 범위가 동일하지는 않아서 약간의 차이는 불가피하다.

[표 4-1] 스타트업 투자 동향

시기	투자액(억)	투자 건수
2018년	15,791	413
2019년	51,152	606
2020년	41,186	816
2021년	120,286	1,272
2022년 1월	13,386	164
2022년 2월	11,656	122
2022년 3월	9,860	126
2022년 4월	8,811	116
2022년 5월	9,134	134
2022년 6월	16,028	145
2022년 7월	7,504	120
2022년 8월	10,672	141

자료: 2019년까지는 플래텀, 2020년 이후는 스타트업레시피

팬데믹 이전 시기인 2018년 1조 5천억 원에 이르던 스타트업 투자는 2019년에는 5조 1천억 원가량으로 급격하게 상승하였다. 그러다가 팬데믹이 시작된 2020년에는 4조 1천억 원으로 소폭 하락했다가 스타트업에 대한 열기와 풍부한 유동성을 바탕으로 2021년에는 1,272건에 12조 원을 넘기면서 매달 1조 원 이상의 자금이 스타트업에 투자되는 호황기를 맞이하였다. 다만 이 시기의 대규모 자금은 대부분 대형 스타트업에 투자되고 있다는 지적도 있다.

팬데믹으로부터의 점진적인 탈출이 시도되면서 앞서의 거

시경제적 불안정이 커지고, 경제침체의 가능성이 확산되면서 스타트업에 대한 투자도 스타트업 우위 시장에서 투자자 우위 시장으로 변경되고 있다. 2022년 상반기는 그 여파가 확연하지는 않았지만 2022년 하반기가 시작되면서 2021년 동시기와 비교해보면 스타트업에 대한 투자위축이 가시화되고 있다. 이에 따라 개별 스타트업의 재무상태에 따라 스타트업 내부에서의 양극화가 가시화되고 있으며, 이러한 흐름은 2023년에도 지속될 가능성이 크다.

| 스타트업은 어디로?

한국의 스타트업이 주로 어떤 비즈니스를 하는가는 새로운 경제 패러다임을 이끌어갈 주체로서의 스타트업의 지위 때문에 향후 우리 경제의 흐름에 중대한 의미를 갖는다. 스타트업 전문 미디어인 스타트업레시피에 따르면 스타트업의 비즈니스 영역은 다음과 같이 간략하게 분류될 수 있다.

컨슈머테크(유통 분야 플랫폼 기업)는 우리 삶과 직접적으로 관련되는 생활 서비스 비즈니스 영역으로, 야놀자, 무신사, 스타일웨어 같은 스타트업이 대표적이다. 바이오헬스 분야는 건강관리나 의료와 관련된 비즈니스 영역으로, 2021년에 6천여억 원을 투자받은 건강관리 플랫폼 눔이나 루닛 같은 기업이 대표적이다. 소프트웨어 분야는 주로 B2B 서비스형 소프트웨어SaaS를 제공하는 샌드버그나 AI 반도체 업체인 퓨리오사나 AI 기반 솔루션제공 업체인 업스테이지가 대표적이다. 핀테크 분야는 금융의 디지털 전환을 주도하는 분야로 토스를 운영하는 비바리퍼플리카가 대표적인 스타트업이다. 미디어컨텐츠 분야는 웹컨텐츠와 메타버스 등을 포괄하는 분야로 OGQ나 코핀커뮤니케이션즈가 대표적이다. 교육 분야에서는 디지털전환이 핵심 화두인데 AI 교육플랫폼 뤼이드가 대표적이다. 물류배송 분야는 이커머스 시장과 동반해서 성장하는 분야인데 바로고나 만나코퍼레이션이 대표적인 스타트업이다. 제조 분야에서는 항공우주 분야나 로봇 분야를 포괄하며 이노스페이스나 씨메스가 대표적인 기업이다. 가상화폐, 보안과 관련되는 블록체인 분야에서는 블록체인 개발사인 테라폼랩스가 대표적인 스타트업이다. 차량/모빌리티 분야에서는 자율주행이 핵심적인 화두인데 최근 현대차그룹에 인수된 포티투닷이 대표적인 스타트업이다. 프롭테크는 부동산 관련 분야로 부동산 중개플랫폼 알스퀘어나 공유오피스 기업인 패스트파이브가 대표적이다. 마지막으로 환경, 에너지, 지속가능성분야에서는 클린에너지, 업사이클, 대체육 등을 포괄하며 그리드위즈나 지구인컴퍼니가 대표적이다.

이상의 분류에 기초할 때 최근 4~5년 사이에 한국의 스타트업에 투자가 이루어진 주요 분야는 크게 보면 컨슈머테크, 바이오헬스, 소프트웨어, 핀테크라고 할 수 있다. 시기를 구분해보면, 팬데믹 이전인 2019년에는 핀테크나 소프트웨어에 가장 많은 투자가 집중된 반면에 팬데믹 시기인 2020년과 2021년에는 소비생활의 제약을 반영하여 컨슈머테크와 바이오헬스 분야로 보다 집중되었다.

팬데믹의 제약으로부터 벗어나고 투자 환경이 점차 악화되고 있는 2022년에는 바이오헬스 보다는 컨슈머테크, 소프트웨어, 차량모빌리티, 핀테크, 프롭테크 등 다양한 분야로 스타트업에 대한 투자가 분산되고 있다. 이러한 추세는 명확한 비즈니스 트렌드가 자리 잡히지 않는 한 당분간 지속될 것으로 보인다.

[표 4-2] 2019~20년도 스타트업 투자 분야 순위*

시기	1위	2위	3위	4위	5위
2019년	핀테크	소프트웨어	커머스	여행숙박	교통차량
2020년	컨슈머테크	바이오헬스	소프트웨어	핀테크	교육
2021년	컨슈머테크	바이오헬스	소프트웨어	핀테크	미디어컨텐츠
2022년 1월	컨슈머테크	핀테크	농업	소프트웨어	모빌리티
2022년 2월	소프트웨어	미디어컨텐츠	차량모빌리티	컨슈머테크	게임
2022년 3월	차량모빌리티	컨슈머테크	핀테크	미디어컨텐츠	제조
2022년 4월	컨슈머테크	핀테크	에듀테크	물류배송	미디어컨텐츠
2022년 5월	프롭테크	컨슈머테크	바이오헬스	소프트웨어	게임
2022년 6월	블록체인	컨슈머테크	물류배송	소프트웨어	프롭테크
2022년 7월	핀테크	바이오헬스	소프트웨어	블록체인	모빌리티
2022년 8월	컨슈머테크	핀테크	차량모빌리티	소프트웨어	농업

자료 : 2019년까지는 플래텀, 2020년 이후는 스타트업레시피

* 　2022년 6월 투자액에는 코인투자액 7,800억이 포함돼 있음.

| 살아남기

실제 스타트업은 새로운 아이디어와 투자의 결합을 통해서만 가능해진다는 점을 고려하면, 투자 여건의 악화로 당분간은 스타트업이 처한 상황은 우호적이지 않을 가능성이 크다. 현재로서는 이러한 여건이 얼마나 어느 정도로 진행될지 예측하기도 어렵지만 2022년 하반기부터 향후 시기는 지난 몇 년 동안의 과도했던 투자 열기를 정상화하고 스타트업 내부의 내실을 강화할 수 있는 시기로서 자리매김될 수 있다. 스타트업에 대한 투자 업계에서도 투자 자체의 중단보다는 신중한 투자나 상대적으로 가성비를 추구하는 투자 즉 후기 스타트업에 대한 대규모 투자보다는 초기 스타트업에 대한 소규모 투자가 이루어질 가능성이 크다. 전반적으로 희망은 살아있지만 투자와 창업은 신중해질 전망이다.

글로벌 플랫폼에 대한 취약성

서봉교(동덕여대 중국학과 교수)

| 구글 플랫폼 갑질 방지법의 한계

2021년 한국의 플랫폼 산업은 카카오모빌리티의 과다 수수료 및 일감 몰아주기 등 플랫폼 독과점 횡포가 가장 중요한 이슈였다면, 2022년에는 구글 플랫폼의 인앱결제 갑질이 가장 중요한 이슈였다. 인앱결제In app purchase/payment란 모바일 앱에서 유료 콘텐츠를 결제할 때 앱 마켓 플랫폼 사업자의 결제 방식을 사용해야 한다는 것이다.

구글은 2020년 국내 안드로이드 운영시스템OS 기반의 스마트폰 앱 마켓Play Store 플랫폼을 사용하는 모든 앱 사업자들에게 ⑴구글의 자체 결제 시스템 사용과 ⑵결제 수수료를 기존 15%에서 30%로 인상하는 방침을 발표하였다. 향후 구글 앱 마켓을 통해 앱을 유통하는 앱 사업자들은 기존에 사용하던 전자지급결제대행PG, Payment Gateway 시스템을 활용한 웹web 결제 방식, 통신사 휴대폰 결제, 문화상품권 등의 다양한 결제가 제한되고, 구글에서 제공하는 결제 방식만 사용해야 한다. 또한 국내 콘텐츠 사업자가 인터넷 홈페이지를 통해 신용카드로 판매할 경우 3~5% 미만의 신용카드 결제 수수료를 납부하지만, 동일한 콘텐츠를 스마트폰 앱을 통해 판매할 경우 구글에게 30%의 결제 수수료를 납부해야 한다.

웹소설, 웹툰, 동영상, 음악 등 디지털 콘텐츠 소비 채널이 스마트폰으로 통합되고 있는 상황에서 구글의 인앱결제 의무화는 국내 콘텐츠 사업자의 수수료 부담을 가중시키고, 사용자들의 콘텐츠 가격 인상으로 이어질 수밖에 없다. 정부는 구글의 인앱결제 강제를 규제하기 위해 2021년 8월 '전기통신사업법'을 개정하였고, 구글도 인앱결제 의무화를 2022년까지 유예하였다. 당시 한국의 '전기통신사업법'은 글로벌 빅테크 플랫폼의 독과점적 갑질을 규제하는 법안으로 전 세계적인 주목을 받았다. 하지만 2022년 3월 구체적인 후속 법안인 '전기통신사업법 시행령'이 통과된 이후, 4월 구글은 시행령을 우회하는 방식으로 전격적으로 인앱결제 의무화를 강행하였다.

구글 인앱결제 강제의 피해는 이미 가시화되고 있다. 구글의 결제 수수료 인상 부담은 소비자들에게 전가되어 많은 국내 모바일 콘텐츠의 서비스 가격이 5월 이후 15~20% 인상되었다. 향후 국내 콘텐츠 앱 사업자가 올해 기존에 비해 두 배나 많은 약 4,100억 원의 결제 수수료를 추가로 더 부담해야 한다는 분석이 제기되었다. 자체 모바일 결제 수단인 카카오페이를 보유하고 있는 카카오 등의 국내 모바일 플랫폼들도 구글의 인앱결제 의무화에 반발하였고, 공정거래위원회나 방송통신위원회도 구글의 불공정 거래 조사 등으로 맞섰다. 하지만 구글은 자신들의 결제 정책을 준수하지 못하는 앱을 앱 마켓에서 업데이트를 금지하고 앱 자체를 삭제한다고 경고하면서 결국 백기투항 할 수밖에 없었다.

┃ 구글의 국내 앱마켓 점유율 63%

구글이 이처럼 인앱결제 의무화 정책을 강행할 수 있었던 배경에는 국내 스마트폰 앱 마켓 시장 점유율이 63%(2019년 기준)에 달하는 독점적인 시장 지배력을 장악하고 있기 때문이다. 또한 24%의 앱 마켓 시장 점유율을 차지하고 있는 애플은 이미 30%의 결제 수수료와 폐쇄적인 인앱결제 시스템을 사용하고 있다. 2020년 미국에서 에픽게임즈와 애플의 인앱결제 관련 소송이 시작된 것은 글로벌 OS 앱 마켓의 독과점 갑질 횡포가 비단 한국만의 문제가 아님을 보여주고 있다. SK텔레콤 등 국내 통신사 연합 형태의 로컬 앱 마켓인 원스토어는 앱 마켓 점유율이 11%에 불과하다. 국내 스마트폰 시장은 사실상 구글과 애플이라는 글로벌 OS사의 앱 마켓이 장악하고 있다. 한국 시장에서 구글은 인앱결제 강제에 반대하는 모바일 앱 사업자를 앱 마켓에서 배제시킬 수 있는 독과점적 지배력을 가지고 있다.

구글은 어떻게 한국과 전 세계 스마트폰 앱 마켓 시장을 장악할 수 있었는가? 구글은 삼성을 포함한 전 세계 스마트폰 제조사들에게 무료로 안드로이드 스마트폰 OS를 제공하였다. 대신 모바일앱 유통계약MADA, Mobile Application Distribution Agreement을 체결하여 구글 앱 마켓을 기본 홈 화면에 선탑재하여 독과점적 시장경쟁력을 확보할 수 있었다. 구글 앱 마켓에는 경쟁자가 될 수 있는 경쟁 앱 마켓 프로그램이 입점되지 못하였고, 인터넷을 통한 다운로드 방식으로 경쟁 앱 마켓을 사용할 경우에는 '보안 경고'를 표시하여 소비자들이 다른 앱 마켓을 이용하는 것을 제한하였다.

삼성전자는 2012년 자체 스마트폰 OS인 타이젠TIZEN을 출시하였다. 하지만 타이젠 OS를 장착한 스마트폰은 저가 수출용 스마트폰 등에 제한적으로 사용되었고, 2017년 이후에는 타이젠 OS를 사용한 스마트폰을 더 이상 출시하지 않고 있다. 2021년에는 타이젠 OS의 자체 앱 마켓인 타이젠 스토어까지 폐쇄하였다. 사실상 삼성은 자체 OS와 앱 마켓 사업을 포기하고, 구글의 OS와 앱 마켓에 전적으로 의존하고 있다.

그렇다면 구글의 인앱결제 갑질에 우리는 언제까지 속수무책으로 당하고만 있어야 하는가? 세계 최대의 스마트폰 내수시장을 보유하고 있는 중국의 앱 마켓 시장 상황은 우리에게 구글 인앱결제 횡포에 대항할 수 있는 새로운 접근법을 제시할 수 있다.

| 중국 로컬 앱 마켓 사업자의 급성장이 주는 반면교사

한국과는 달리 중국에서 구글과 애플의 앱 마켓 점유율은 독과점적 지배력을 행사할 정도로 높지 않다. 물론 중국도 스마트폰 OS 시장에서는 구글과 애플이 높은 점유율을 차지하고 있다. 2022년 현재 중국 스마트폰 시장 점유율 1위와 2위인 OPPO(21%)와 VIVO(18%)는 구글의 OS와 앱 마켓을 현지화하여 사용하고 있다. 3위인 애플의 스마트폰 시장점유율은 16%이다. OPPO나 VIVO의 저가 브랜드까지 포함하면 구글과 애플의 스마트폰 OS 점유율은 63%에 달한다.

반면 스마트폰 시장점유율 15%의 샤오미小米는 자체 OS(MIUI)와 자체 앱 마켓(小米应用商店)을 2010년부터 구축하였다. 샤오미 앱 마켓의 소프트웨어들은 샤오미의 가전제품들(샤오미 미밴드, 공기청정기, 가습기, 로봇 청소기 등)과 손쉽게 연동되기 때문에 샤오미 스마트폰으로 사물인터넷ᵢₒₜ을 구현하는 데 최적화되었다. 화웨이華爲는 2019년까지만 해도 구글의 OS를 사용했고 중국 스마트폰 시장 점유율이 1위였다. 하지만 미국의 화웨이에 대한 제재 이후 점유율이 급격히 하락하여 점유율이 9%이다. 룽야오榮耀, Honor는 원래 화웨이의 중저가 브랜드였다. 화웨이와 룽야오의 스마트폰에 2019년부터 사용되는 OS는 훙멍鴻蒙OS이라는 독자 개발한 OS이다. 앱 마켓(華爲鴻蒙應用商店) 역시 화웨이가 독자적으로 운영하고 있다.

[표 4-3] 중국 스마트폰 제조사별 판매량 순위(2022년 기준)

제조사	점유율(%)	OS	제조사	점유율(%)	OS
OPPO	20.5	ColorOS (구글)	VIVO	18.2	Funtouch OS(구글)
애플	16.0	iOS	샤오미	15.2	MIUI
롱야오 (화웨이)	10.4	鴻蒙OS	화웨이	9.3	鴻蒙OS
iQOO (VIVO)	4.0	Funtouch OS(구글)	realme (OPPO)	3.2	realme UI(구글)
이지아 (OPPO)	0.8	ColorOS (구글)	삼성	0.6	구글 안드로이드
기타	1.8				

자료: CINNO research(搜狐, 2022.3.1 재인용)를 바탕으로 OS 정보 추가

그러나 현재 절반 이상의 중국인들은 구글의 앱 마켓 대신 로컬 비非OS 앱 마켓인 '제3자 앱 마켓(第三方應用商店)'을 통해서

모바일 앱을 사용하고 있다. 제3자 앱 마켓이라는 것은 SNS 사업자 등이 운영하는 앱 마켓을 의미한다. 우리의 경우로 예로 들자면 앱 마켓 시장에서 카카오나 네이버의 앱 마켓이 구글 앱 마켓을 넘어서는 시장 점유율을 확보하는 상황과 같기 때문에, 중국의 앱 마켓 특징이 한국의 상황과는 매우 다르다는 것을 알 수 있다.

최근 중국에서 두각을 나타내고 있는 제3자 모바일 앱 마켓은 중국 최대의 SNS 플랫폼 텐센트의 잉용바오应用宝 앱 마켓과, 모바일 보안과 검색 분야에서 급성장하고 있는 360치후 360奇虎의 앱 마켓이다. 그 뒤를 바이두, 알리바바 등 중국의 대표적인 모바일 플랫폼의 앱 마켓들이 경쟁하고 있다.

이처럼 중국인들이 구글 앱 마켓이 아니라 로컬 SNS 플랫폼의 앱 마켓을 더 많이 사용하게 된 것은 여러 복합적인 이유가 존재한다. 구글은 2010년 중국 검색 시장 사업을 철수하면서 중국정부와 긴장관계가 형성되었기 때문에 적극적으로 중국 앱 마켓 사업을 추진하기 어려웠다. 중국 앱 마켓 내수시장 자체가 한국보다 월등하게 크기 때문에 로컬 제3자 앱 마켓 사업자들이 공격적인 마케팅을 추진할 수 있었다. 텐센트는 2014년 자체 모바일 앱 마켓 서비스를 시작하면서 앱 사업자와 협력하여 잉용바오를 통해 다운로드한 차량 서비스앱 사용자에 대한 무료 시승 이벤트를 대대적으로 실시하였다. 이후 텐센트는 잉용바오 앱 마켓 다운로드 이벤트를 다른 앱들로 확대하면서 무료 이용권, 할인 이벤트, 심지어 텐센트 모바일 페이 현금 보조금 지급 등을 통해 앱 마켓 점유율 확대를 위해 노력했다.

중국과 한국의 법 규제가 상이한 측면은 있지만, 한국 소비자들도 구글 앱 마켓이 아닌 대안적인 로컬 앱 마켓 이용을 확대한다면 구글의 갑질에서 벗어날 수 있음은 자명하다. 디지털 콘텐츠 소비가 스마트폰으로 일원화하고 있는 상황에서 미래 성장 동력의 핵심인 디지털 데이터의 확보와 국내 콘텐츠 사업자의 수수료 부담 완화 등을 위해선 글로벌 OS사의 앱 마켓에 밀리지 않고 로컬 앱 마켓 사업자가 꾸준히 성장하고 있는 중국의 사례는 참고할 필요가 있다.

| 한국 인앱결제 갈등의 해결 방향

스마트폰은 통신 이외에도 검색, 게임, 웹소설, 동영상, 음악, 금융 등 일상의 많은 활동을 지원하는 플랫폼 생태계를 구축하고 있다. 스마트폰에서 생성되는 개인 데이터 정보는 맞춤형 추천 광고의 핵심 자원이고, 스마트폰 중심의 소비 패턴 변화는 기업 비즈니스의 디지털 전환에서 가장 중요한 요소이다.

이런 측면에서 글로벌 스마트폰 OS와 앱 마켓을 장악하고 있는 구글과 애플은 미래 비즈니스 성공의 핵심 경쟁력을 이미 확보했다. 소비자들은 구글과 애플의 앱 마켓에 익숙해져 있고,

앱 사업자들은 앱 마켓의 순위를 높이는 것이 중요하기 때문에 글로벌 OS 플랫폼의 영향력은 더욱 커지고 있다.

한국도 2020년 데이터 3법의 개정 이후 개인맞춤형 추천 서비스, 스마트폰 간편 인증, 마이데이터 사업 등 모바일 플랫폼 기반의 새로운 비즈니스가 빠르게 발전하고 있다. 그러나 이번 구글의 인앱결제 갑질 사건에서 확인할 수 있듯이 한국의 로컬 플랫폼 경쟁력은 여전히 글로벌 빅테크 플랫폼에 비해 취약하다. 한국의 디지털 콘텐츠 산업, 한국의 빅데이터 산업의 발전을 위해서라도 글로벌 OS사의 앱 마켓에 대응할 수 있는 자체 경쟁 수단의 확보를 위해 노력해야 할 필요가 있음은 자명하다.

경제추격 지수로 본 세계경제와 한국경제

: 한국 순위 12위로 하락하고 대만에 밀리기 시작, 미국의 중국 팽창 저지 실패로 천하양분 구도로

이근(서울대 경제학부 석좌교수), 최병권(경제추격연구소 연구위원)

| 추격지수는 무엇인가

1인당 GDP와 그 증가율은 주어진 기간 동안에 한 국가의 경제 성과를 보여주는 지표이다. 그러나 이 두 값으로는 한 국가가 최상위 국가의 1인당 소득 대비 몇 퍼센트 수준에 도달했는지 보여주기 어렵다. 또한 국가 간 격차가 얼마나 줄어들었는지 정확한 수치를 보여주지 못한다. 따라서 최상위 선진국과의 소득 격차 정도와 그 변화를 보여주기 위해서는 다음과 같은 두 가지가 필요하다. 첫째, 각국의 1인당 소득이 최상위 국가와 얼

마나 차이가 나는지를 보여주어야 한다. 둘째, 그 차이가 어느 정도 줄거나 확대되었는지 변화율을 보여주어야 한다. 이를 반영한 지표가 추격지수와 추격속도지수다.

한편, 각국의 경제 성과를 평가하는 데 있어서 소득 수준의 차이에 추가하여 그 나라의 상대적 경제 규모도 중요하다. 1인당 소득으로 표현되는 소득 수준은 한 국가 내 국민 개개인의 후생 수준을 대표한다. 전 세계 총생산 대비 각국의 경상 GDP가 차지하는 비중으로 표현되는 각국의 경제 규모는 해당 국가의 경제적 위상, 즉 경제력을 대표한다. 1인당 소득 수준뿐만 아니라 국가의 경제력도 함께 고려하는 것이 국가의 경제 성과를 설명하는 데 보다 적절하다.

경제추격연구소에서 개발한 추격지수catch-up index는 1인당 소득 수준 이외에도 경제 규모를 기초로 해서 전 세계에서 경제 비중이 가장 큰 나라인 미국 대비 각 나라의 경제 비중과, 그 비중이 얼마나 빠르게 확대되는지를 나타내는 변화율을 모두 지수화해서 국가 성장의 다양한 면모를 다각도에서 정확하게 포착하기 위한 목적을 갖고 있다.

이어서 2022년 4월에 발표된 IMF 세계경제 통계(2022~23년 예상치 포함)를 기초로 도출된 추격지수 중심으로 코로나 충격 이후 한국과 주요국의 추격-추월-추락에 대해 분석하고 전망하고자 한다.

| 한국의 1인당 소득 일본 넘었으나, 대만에 밀리기 시작

IMF 발표에 따르면 한국의 경상가격 기준 1인당 소득은 2021년 34,801달러, 2022년에는 34,994달러다. 구매력을 고려한 환율 (2017년 물가 기준)을 사용하면 한국의 1인당 실질 국민소득은 2021년 44,218달러로 코로나 이전인 2019년 42,850달러 수준을 회복한 후, 2022년에는 45,438달러에 이를 것으로 추정된다. 추격의 중요한 지표인 미국 대비 한국의 1인당 소득 비율은 2020년 70.9%, 2021년 70.2%, 2022년 69.8%이어서 3년 연속 하락을 보였다. 이런 현상은 처음이어서 작년에 제기한 대로 70%는 넘어서기 쉽지 않은 일종의 벽이 아닌가 하는 생각을 갖게 한다. 그러나 IMF의 미래 추정치를 사용하면 이 수준은 2023년에 70.7%, 2024년에는 71.9% 수준으로 반등할 것으로 예상된다.

20년 전인 2000년에 이 비율이 45.8%였던 것을 고려하면 한국경제는 상당한 추격을 달성한 셈이기는 하다. 특히 다른 나라들과 비교했을 때 성과가 좋아서 [표 5]에서 제시한 추격지수로 보면 2022년 38.1점으로 100개 국가 중 26위를 기록하였고, 2023년에 38.6점과 24위로 역대 최고 순위를 기록할 전망이다. 일본과 비교하여서도 [그림 5-1]에서 보듯이 한국은 이미

2018년부터 일본을 실질소득 면에서 추월하였고,* 일본 대비 한국의 소득은 2021년 108.6%을, 2022년 108.7%를 각각 기록할 것으로 추정된다.

[표 5] 주요 15개국 추격지수(2019~2022)*

국가	추격지수					
	지수			국가 순위		
	2021	2022	2023	2021	2022	2023
미국	100.0	100.0	100.0	1	1	1
중국	51.2	52.7	54.8	10	8	8
일본	42.7	41.4	42.0	21	23	22
독일	51.2	49.8	50.3	11	11	11
영국	43.0	42.7	42.6	20	18	18
프랑스	43.2	42.4	42.1	19	20	21
이탈리아	37.6	36.7	36.7	27	28	28
브라질	14.4	14.2	14.2	61	60	61
러시아	25.6	22.8	21.6	41	48	49
한국	38.7	38.1	38.6	25	26	24
멕시코	17.1	16.5	16.5	54	55	55
인도네시아	11.3	11.3	11.7	65	65	65
대만	46.7	46.7	47.2	15	14	13
말레이시아	21.7	21.9	22.5	49	49	47
남아공	10.5	10.2	10.0	68	68	69

* 종래의 추산에서는 한국이 2020년부터 일본을 추월한 것으로 나타났었는데, 2년 앞당겨진 것은 IMF가 구매력평가지수PPP, purchasing power parity 기준년도 환율을 2021년 통계부터 2011년도에서 2017년도로 변경한 것에 기인한 것으로 보인다.

** 2022년 이후는 IMF 예상치.

국가	소득수준 추격지수								
	1인당 GDP (2017 ppp int'l$)			지수			국가 순위		
	2021	2022	2023	2021	2022	2023	2021	2022	2023
미국	63,018	65,118	66,282	100.0	100.0	100.0	9	9	9
중국	17,531	18,299	19,235	26.5	26.8	27.7	59	59	58
일본	40,723	41,809	42,966	64.0	63.6	64.2	30	30	30
독일	53,138	54,192	55,625	84.0	82.9	83.6	16	15	15
영국	45,866	47,365	47,725	72.3	72.3	71.5	23	24	24
프랑스	46,754	47,995	48,509	73.7	73.2	72.7	22	22	22
이탈리아	42,018	43,010	43,755	66.1	65.5	65.4	27	28	29
브라질	14,710	14,739	14,858	22.0	21.3	21.0	64	64	65
러시아	28,081	25,706	25,149	43.6	38.4	36.8	47	49	50
한국	44,218	45,438	46,838	69.6	69.2	70.1	25	25	25
멕시코	18,820	19,028	19,339	28.6	28.0	27.9	58	57	57
인도네시아	11,924	12,449	13,074	17.5	17.7	18.3	72	70	70
대만	56,915	58,867	60,600	90.1	90.2	91.3	13	12	11
말레이시아	27,022	28,180	29,364	41.9	42.3	43.3	48	47	47
남아공	13,104	13,157	13,141	19.4	18.8	18.4	66	67	68

국가	경제규모 추격지수								
	경상 GDP 비중 (%)			지수			국가 순위		
	2021	2022	2023	2021	2022	2023	2021	2022	2023
미국	24.1	24.8	24.5	100.0	100.0	100.0	1	1	1
중국	18.3	19.5	20.0	75.9	78.5	81.9	2	2	2
일본	5.2	4.8	4.9	21.4	19.3	19.7	3	3	3
독일	4.4	4.2	4.2	18.3	16.7	17.0	4	4	4
영국	3.3	3.3	3.4	13.7	13.2	13.7	5	5	5
프랑스	3.1	2.9	2.8	12.7	11.5	11.5	7	7	7
이탈리아	2.2	2.0	2.0	9.0	8.0	8.0	8	9	9
브라질	1.7	1.8	1.8	6.9	7.1	7.3	13	10	10
러시아	1.9	1.8	1.6	7.6	7.1	6.3	11	11	14
한국	1.9	1.8	1.8	7.7	7.0	7.1	10	12	11
멕시코	1.4	1.3	1.3	5.5	5.1	5.1	16	16	17
인도네시아	1.2	1.3	1.3	5.0	5.0	5.2	17	17	16
대만	0.8	0.8	0.8	3.3	3.2	3.2	22	21	20
말레이시아	0.4	0.4	0.4	1.5	1.6	1.7	39	34	34
남아공	0.4	0.4	0.4	1.7	1.6	1.6	33	36	38

자료: 경제추격연구소

[그림 5-1] 주요국의 미국 대비 1인당 실질 소득 비율 변화 추이*

미국의 1인당 소득수준 대비 %(ppp $)

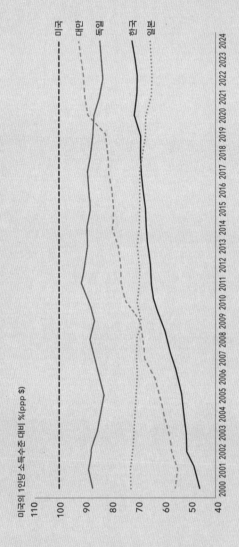

	2000	2001	2002	2003	2004	2005	2006	2007	2008	2009	2010	2011	2012	2013	2014	2015	2016	2017	2018	2019	2020	2021	2022	2023	2024
미국	100	100	100	100	100	100	100	100	100	100	100	100	100	100	100	100	100	100	100	100	100	100	100	100	100
대만	55.7		54.6	56.9	58.0	60.1	61.5	63.6	67.1	67.9	68.9	74.4	76.3	77.4	79.6	79.0	79.8	81.0	81.3	82.2	88.8	90.3	90.4	91.4	92.6
독일	86.9		88.4	87.5	85.3	84.0	82.7	84.4	86.3	88.1	86.3	88.4	91.2	90.0	89.3	89.1	88.5	89.1	87.7	86.9	86.5	84.3	83.2	83.9	84.4
한국	45.8			47.7	50.8	51.2	52.1	52.9	54.4	56.7	58.4	60.7	63.2	64.5	64.7	65.7	66.4	67.6	68.5	68.7	70.9	70.2	69.8	70.7	71.9
일본	72.3		72.4	71.8	71.4	70.9	70.4	70.1	70.4	70.1	68.6	70.0	69.3	69.3	70.1	69.0	69.1	68.1	69.1	66.8	66.8	64.6	64.2	64.8	65.0

* 2022년 이후는 IMF 예상치.

자료: 경제추격연구소

[그림 5-1]에서 보면, 한국과 일본은 미국 대비 70% 내외 수준에 아직도 머무르고 있는 반면, 독일과 대만은 모두 85%대를 넘어섰다. 대만의 1인당 소득 수준은 2021년 미국 대비 90.3% 수준으로 90%대를 돌파하여, 70%대인 한국과 20%포인트 이상 차이가 나고 있다. 추격지수 순위에서 대만은 2022년 14위로 2021년보다 1단계 상승하였고, 2023년에도 1단계 상승하여 13위를 기록할 것으로 보인다.

특히 대만은 2020년부터 독일을 추월한 것으로 나타나서, 한국도 우선적으로 같은 제조업 강국인 독일 추월을 목표로 삼는 것이 적절하다고 볼 수 있다. 즉, 일본 추월이 추격 1.0이었다면, 독일 추월은 추격 2.0이라고 할 수 있다. 최소한 미국 대비 80% 수준을 달성하는 것이 적절하게 보인다. 그러나 한국이 향후 20년 안에 이 추격 2.0을 달성하기는 어려워 보인다. 그 이유는 한국의 추격속도가 최근 정체되었기 때문이다.

[그림 5-1]을 보면, 한국의 1인당 소득은 2009년에 미국 대비 60%에 도달하였다. 최근 70% 수준에 도달하여 과거 10년간 추세를 볼 때 1년에 1%포인트씩 따라잡았다. 그러나 최근 5년 추세는 그 1/4 수준인 1년에 0.26%포인트 따라잡는 데 그치고 있다. 가령 2017년에 68.5%였는데, 2022년에 69.8% 수준이다. 최근 추세가 계속된다면 미국 대비 현재 70%부근에서 80%에 도달하는데, 아무리 빨라도 약 40년은 걸린다는 이야기라 사실상 일본처럼 70% 부근에서 정체될 것으로 예상된다. 실

제로 [그림 5-1]의 한국 곡선의 기울기만 보아도 점점 더 평평해져서 추격의 모멘텀이 소진되고 있음을 보여주고 있다. 즉 일종의 '선진도상국' 함정에 빠지고 있다고 할 수 있다.

| 경제 규모의 추격: 한국은 12위로 하락, 중국은 미국 대비 80%로 추격 지속

한국경제 규모, 세계 10위에서 12위로 하락

1인당 소득 수준과 같이 세계경제에서 차지하는 경제 비중에서도 2%를 못 넘는 1.8%로 2020년 10위까지 올랐던 한국의 순위는 2022년 12위로 2단계 하락하였다. 1위부터 미국, 중국, 일본, 독일, 영국, 인도, 프랑스, 캐나다, 이태리, 브라질, 러시아 순으로 한국이 10위를 할 때 추월하였던 러시아와 브라질이, 다시 한국을 추월하여 각각 10위, 11위에 올랐다. 2000년대 중반에 한국을 추월했던 인도는 계속 성장하여서 2022년 3.2% 수준으로 세계 6대국을 유지하고 있다.

한국경제가 2005년 세계경제에서 차지하는 비중이 2%를 달성하여 국가 순위가 처음으로 10위에 도달하였으나, 그 후 다시 추락하였다. 특히 2008~09년 글로벌 금융위기 때는 1.6%까지 떨어지면서 15위까지로 추락하였다. 그 후 점진적으로 회복하여 다시 2015년에 2%를 회복하였다. 그러나 다시 2019~

21년 1.9%로 하락하였고, 2022년에 1.8%로 추가 하락한 것이다. 이는 작년 전망서에서 제시한 대로 한국이 지난 20년 동안 이 2% 벽을 넘지 못하고 있음을 시사한다.

미국 견제에도 중국의 미국 추격 지속: 2030년경 추월 예상

세계 상위 100개 국가의 GDP 합계 대비 미국의 GDP 비중은 2000년대 초반에 30%를 넘었다. 그 이후 20% 초반까지 추락하였다가 회복하여 2020년에는 24.8%를 유지하였고, 2021년에는 24.1%로, 2022년에는 24.8%가 될 것으로 예상된다. 중국의 세계경제에서의 비중은 2000년 3.6%에서 약 5배 상승하며 2020년 17.6%에 도달하였다. [그림 5-2]를 보면 최근 미국의 대중국 견제가 강화되고 있음에도 불구하고 2021년 18.3%, 2022년 19.5%로 세계경제 비중이 확대되면서 2023년에는 20%대를 넘어설 것으로 예상된다.

이제 중국과 미국의 상대적 수준 즉, 언제 중국이 미국을 추월할 것인가를 추산하여 보자. IMF의 자료를 가지고 계산하면 중국의 GDP는 미국 대비 2019년 67.1%, 2020년 71.1%, 2021년 75.9% 수준에 도달하였다. 이 추세를 지속해서 2022년 78.6%, 2023년에는 81.9%로 도약할 것으로 추정된다. 여기서 최근 5년 동안의 추격 추세 즉, 2017년 63%에서 2022년 78.6% 도달하는 데(15.6%포인트 줄이는 데) 5년 걸리는 추세를 연장하면, 매년 3.1%포인트로 추격하여 남은 21.4%포인트 줄이는 데

[그림 5-2] 중국은 미국을 추월할 것인가: 미국 GDP 대비 중국의 크기*

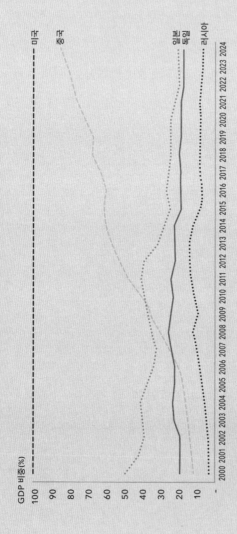

GDP 비중(%)

	2000	2001	2002	2003	2004	2005	2006	2007	2008	2009	2010	2011	2012	2013	2014	2015	2016	2017	2018	2019	2020	2021	2022	2023	2024
미국	100	100	100	100	100	100	100	100	100	100	100	100	100	100	100	100	100	100	100	100	100	100	100	100	100
중국	11.8	12.6	13.4	14.5	16.0	17.6	19.9	24.6	31.0	35.1	40.1	48.0	52.5	57.1	60.0	61.0	60.1	63.0	67.4	67.1	71.1	75.9	78.6	81.9	85.1
일본	48.5	41.3	38.3	39.4	40.1	37.1	33.3	31.6	34.6	36.5	38.3	40.0	38.6	30.9	27.9	24.5	26.8	25.3	24.4	24.0	24.1	21.5	19.4	19.8	19.9
독일	19.0	18.4	19.0	21.8	23.0	21.8	21.7	23.7	25.4	23.5	22.6	24.0	21.7	22.2	22.2	18.4	18.6	18.9	18.4	18.2	19.4	18.4	16.8	17.1	17.3
러시아	2.7	3.1	3.4	4.0	5.2	6.3	7.7	9.6	12.0	9.0	10.9	13.1	13.5	13.6	11.7	7.5	6.9	8.1	7.9	8.1	7.1	7.7	7.2	6.4	6.2

자료: 경제추격연구소

*   2022년 이후는 IMF 예상치.

6.8년이 걸릴 것으로 예상된다. 즉, 중국이 미국을 2029년에 추월한다는 계산이 나온다.

한편 최근 7년의 추격 추세 즉, 2015년 61%에서 2022년에 78.6%에 도달하는 보다 보수적인 추격 속도를 고려하면 (즉, 7년에 17.6%포인트 추격), 중국은 매년 2.5%씩 추격하며 8.6년 만인 2030년에 미국을 추월할 것으로 예상된다. 이러한 예상은 작년에 우리가 추산한 2035년보다 5년이나, 그 이전의 예상치인 2040년보다 10년이나 앞당겨진 것이다. 결론적으로 기존 예상보다 더 빨리 2030년경에 중국의 규모가 미국과 같아지는 것이어서, 미국의 중국 견제가 별 효과가 없음을 시사한다. 트럼프, 바이든 이후 미국이 중국의 경제적 팽창을 저지한다는 의미로 중국을 경제적 차원의 투키디데스 함정Thucydides Trap*에 빠트리는 것은 어려워 보인다.

| 결론: 미국 비중 유지로 천하양분 구도 발생

미국이 영국보다 경제 규모가 커진 시기가 1872년임을 고려하면, 만일 2030년에 중국의 경제 규모가 미국을 추월한다면

---

* 펠로폰네소스 전쟁 당시 아테네와 스파르타의 충돌에서 유래한 말로, 기존 패권 국가와 새로이 부상하는 신흥 강대국 사이 극심한 구조적 긴장이 발생하는 현상을 말한다.

160여 년 만에 세계 1등 국가가 바뀌는 셈이다. 그러나 미국이 영국보다 경제 규모가 커졌음에도 불구하고, 실제로 미국의 정치 및 경제적 힘이 영국을 넘어서 완전한 세계 1등으로 올라서게 된 것은 1944년 이후이다.

다른 한편에서 중국은 인구 정체나 감소가 예상되는 반면에 미국은 이민 등 유입으로 인구가 꾸준히 증가할 것으로 예상되어, 최장기적으로는 다시 미국이 중국을 추월할 것이라는 예상이 많다. 따라서 당분간은 미국과 중국 두 나라의 양강체제, 천하양분 시대가 지속될 것으로 예상할 수 있다.

천하양분이라고 보는 또 하나의 중요한 근거는 세계경제에서 미국이 차지하는 비중이 축소되지 않고 있기 때문이다. 즉, 100개 국가의 GDP 합계 대비 미국의 GDP 비중은 2000년대 초반에 30%를 넘었으나 그 이후 20% 초반 정도까지 추락하였다가 회복하여 2020년에는 24.8%를 유지하였고, 2021년에는 24.1%로, 2022년에는 다시 약간 증가하여 24.8%가 될 것으로 예상된다. 중국이 미국을 추격하고는 있으나, 미국경제의 최근 전 세계에서의 비중은 약 25% 수준으로 유지되고 있다는 차원에서도 천하양분이라고 할 만하다.

나아가서 GVC면에서도 천하양분이라고 할 만한 양상이 나타나고 있다. 작년 전망서는 향후 GVC가 합종연횡 양상을 띨 것으로 예상하였으나 현재의 상황은 미국 중심(비중국권) GVC와 중국 중심 GVC로 양분되는 형태로 진행될 것으로 예상되기 때문이다. 가령 미국 시장을 대상으로 하는 상품의 가치사슬에는 중국산 제품을 쓰지 않도록 하고, 반면에서 중국 시장용 제품은 별도의 가치사슬을 구축하려는 시도가 나타나고 있다.

더 근본적으로 미중 간의 체제 경쟁은 이제 GVC 차원을 넘어서 양국이 다른 체제와 가치를 지향하고 있고. 이런 상황은 러시아-우크라이나 전쟁으로 중국과 러시아의 관계가 더 가까워지는 것으로 확대되고 있다. 즉 작년에 예상한 세계경제의 합종연횡에서, 이제는 미국-서구 블록과 중국-러시아 블록으로 나누어지는 천하양분 구도로 가고 있다.

저자 소개

대표편저자 소개

류덕현

현 중앙대학교 경제학부 교수이자 경제추격연구소 부소장이다. 동 대학교 교무처장을 역임했으며 국민경제자문회의 거시경제분과위원으로 활동했다. 미국 라이스대학교에서 경제학 박사학위를 취득했고, 한국조세연구원(KIPF)의 전문연구위원 및 세수추계팀장을 역임했다. 2012년 한국재정학상을 수상한 바 있다. 재정정책 및 시계열 응용 계량경제학 연구를 주로 하고 있다.

박규호

현 한신대학교 경영학과 교수이다. 서울대학교에서 박사학위를 취득했으며 한국기업의 혁신실태와 한국기업에 적합한 혁신방식을 고민하면서, 최근에는 탈추격과 서비스혁신을 집중 연구하고 있다.

이근

현 서울대학교 경제학부 석좌교수이다. 그 외 경제추격연구소 이사장 한국경제학회 부회장을 맡고 있다. 캘리포니아 주립대학교(버클리)에서 경제학 박사학위를 취득했고, 국민경제자문회의 부의장, 국제슘페터학회장(ISS), UN본부 개발정책위원, 서울대학교 경제연구소장, 세계경제포럼(WEF) Council 멤버 등을 역임했다. 비서구권 대학 소속 교수로는 최초로 슘페터(Schumpeter)상을 수상했다. 기술혁신 분야 최고 학술지인 《리서치 폴리시(Research Policy)》의 공동편집장이다.

송홍선

현 자본시장연구원 선임연구위원이다. 서울대학교에서 경제학 박사학위를 취득했고, 자산운용, 연금제도, ESG를 연구하고 있다. 예금보험공사와 쌍용경제연구원에 근무했으며 기재부 기금운용평가단, 공적자금관리위원회 매각소위원, 공정위 경쟁정책자문위원 등을 역임했다. 국민연금 리스크관리위원, 국토교통부 공공기관혁신TF 위원 등으로 활동 중이다.

조성재

현 한국노동연구원 선임연구위원이자 등재학술지인《노동정책연구》의 편집위원장이다. 서울대학교에서 경제학 박사학위를 취득했으며, 현재 한국산업노동학회 회장, 공무직발전협의회 의장, 중앙노동위원회 공익위원 등의 직책을 수행 중이다. 대통령비서실 고용노동비서관, 노사정위원회(현 경사노위) 공익위원, 중국 중산대 객원교수 등의 경력을 갖고 있으며, 노사관계 및 노동시장과 그것에 영향을 미치는 기업지배구조, 기술혁신, 산업정책, 글로벌 생산네트워크에 대한 연구를 주로 수행해왔다.

지만수

현 한국금융연구원 선임연구위원이자 금융지정학센터장이며, 경제추격연구소 소장을 맡고 있다. 서울대학교에서 경제학 박사학위를 받고 중국경제, 한중 경제관계, 미중 갈등 등을 연구해왔다. LG경제연구원, 대외경제경책연구원, 동아대학교, 대통령 비서실 등에서 근무했으며 국민경제자문회의 대외경제분과장으로 활동한 바 있다.

개별 저자 소개

김성재(미국 가드너웹대학교 경영학 교수)

김양희(대구대학교 경제금융학부 교수)

김윤지(한국수출입은행 해외경제연구소 수석연구원)

김준연(SW정책연구소 디지털전환연구팀 팀장)

김학균(신영증권 리서치센터장)

김형우(미국 어번대학교 교수)

김희삼(광주과학기술원)

서봉교(동덕여대 중국학과 교수)

신동준(KB증권 WM솔루션총괄본부장, 숭실대 금융경제학과 겸임교수)

연원호(대외경제정책연구원 경제안보팀장)

오철(상명대학교 글로벌경영학과 교수)

이용하(한국보건사회연구원 초빙연구위원)

이현태(인천대학교 중국학과 교수)

장종회(매경비즈 대표)

조영탁(한밭대학교 경제학과 교수)

최낙섭(SK mySUNI 수석연구원)

최준용(후오비주식회사 대표)

최병권(경제추격연구소 연구위원)

하준경(한양대학교 경상대학 경제학부 교수)

황병진(NH투자증권/리서치본부 FICC리서치부장)

KI신서 10481

2023
한국경제 대전망

1판 1쇄 발행 2022년 11월 7일
1판 2쇄 발행 2022년 11월 21일

지은이 류덕현·박규호 외 경제추격연구소
감　수 이근
펴낸이 김영곤
펴낸곳 ㈜북이십일 21세기북스

정보개발팀장 장지윤 **정보개발팀** 강문형
디자인 이찬형
출판마케팅영업본부장 민안기
마케팅1팀 배상현 한경화 김신우 이보라
출판영업팀 최명열
제작팀 이영민 권경민

출판등록 2000년 5월 6일 제406-2003-061호
주소 (10881)경기도 파주시 회동길 201(문발동)
대표전화 031-955-2100 **팩스** 031-955-2151 **이메일** book21@book21.co.kr

(주)북이십일 경계를 허무는 콘텐츠 리더

21세기북스 채널에서 도서 정보와 다양한 영상자료, 이벤트를 만나세요!

페이스북 facebook.com/jiinpill21 　　**포스트** post.naver.com/21c_editors
인스타그램 instagram.com/jiinpill21 　　**홈페이지** www.book21.com
유튜브 youtube.com/book21pub

서울대 가지 않아도 들을 수 있는 명강의! 〈서가명강〉
유튜브, 네이버, 팟빵, 팟캐스트에서 '서가명강'을 검색해보세요!

ⓒ 류덕현·박규호 외 경제추격연구소, 2023
ISBN 978-89-509-4260-1 (03320)